本书系“河南省高等教育教学改革研究与实践‘第二个结合’视域下中医药院校‘大思政’育人工作体系构建的研究与实践”（项目编号： 2024SJGLX0109）、河南中医药大学博士科研基金项目——“新时代大中小学廉洁教育一体化建设研究”（项目编号：BSJJ2024-10）阶段性成果。

新时代大学生廉洁教育研究

XINSHIDAI DAXUESHENG LIANJIE JIAOYU YANJIU

孟复 著

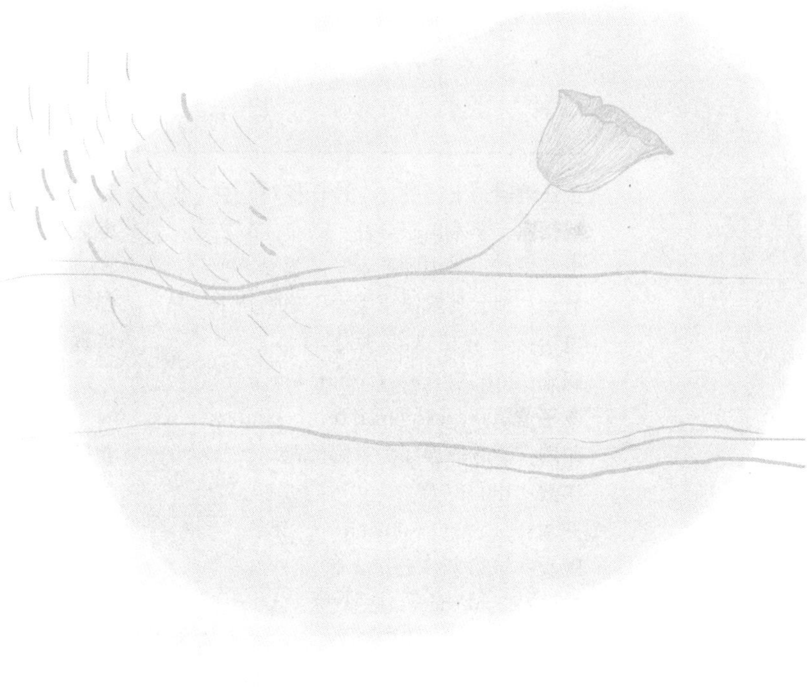

華中師範大學出版社

新出图证（鄂）字 10 号
图书在版编目（CIP）数据

新时代大学生廉洁教育研究 / 孟复著. -- 武汉：华中师范大学出版社，2024. 12. -- ISBN 978-7-5769-0841-1

Ⅰ. G641. 6

中国国家版本馆 CIP 数据核字第 2024M52L45 号

新时代大学生廉洁教育研究

责任编辑： 王 胜　　**责任校对：** 童 雯　　**封面设计：** 胡 灿
编辑室： 学术出版分社　　**电话：** 027-67863280
出版发行： 华中师范大学出版社
社址： 湖北省武汉市洪山区珞喻路 152 号　　**邮编：** 430079
电话： 027-67863426（发行部）　　**传真：** 027-67893291
网址： https://press.ccnu.edu.cn
电子信箱： press@mail.ccnu.edu.cn
印刷： 湖北恒泰印务有限公司　　**督印：** 刘 敏
字数： 180 千字
开本： 710mm×1000mm　1/16　　**印张：** 14.75
版次： 2025 年 1 月第 1 版　　**印次：** 2025 年 1 月第 1 次印刷
定价： 58.00 元

欢迎上网查询、购书

目　　录

绪　论

一、问题的提出

廉洁自古以来就是中华民族崇尚的美德，“大道之行，天下为公”“富贵不染其心，利害不移其守”“心无私欲，自然会刚；心无邪曲，自然会正”，这些千古传诵的廉洁名句，代表着人们对廉洁品行的美好向往。廉洁的对立面是贪腐。进入21世纪，我国全面深化改革，大力发展经济，多元价值观和不同文化潮流带来了腐朽文化的侵蚀，加上社会转型期各类矛盾凸显，容易诱发腐败问题，并且影响了原本是一方净土的高校。大学生是社会主义事业的建设者和接班人，他们能否具有廉洁自律的良好品质，关系着党和国家的未来。为适应新时代人才培养总要求，筑牢高校思想政治教育生命线，我们必须将反腐倡廉关口前移，积极开展廉洁教育，将崇尚廉洁、反对腐败作为新时代大学生思想道德的基本要求，帮助他们筑牢思想根基。

（一）选题背景

中国共产党一向高度重视腐败问题，始终将反腐倡廉作为党内重要工作持续推进。习近平总书记指出，腐败是危害党的生命力和战斗力的最大毒瘤，反腐败是最彻底的自我革命。只要存在腐败问题产生的土壤和条件，反腐败斗争就一刻不能停，必须永远吹冲锋号。坚持不敢腐、不能腐、不想腐一体推进，同时发力、同向发力、综合发力。要深化标本兼治，推进反腐败国家立法，加强新时代廉洁文化建设，教育引导广大党员、干部增强不想腐的自觉，清清白白做人、干干净净做事，使严厉惩治、规范权力、教育引导紧密结合、协调联动，不断取得更多制度性成果和更大治理效能①。

习近平总书记在二十届中央纪委三次全会上强调指出，要加强党对反腐败斗争的集中统一领导。各级党委要切实强化对反腐败斗争全过程领导，坚决支持查办腐败案件，动真碰硬抓好问题整改。要持续保持惩治腐败高压态势。面对依然严峻复杂的形势，反腐败绝对不能回头、不能松懈、不能慈悲，必须永远吹冲锋号。要加强新时代廉洁文化建设。深入开展党性党风党纪教育，传承党的光荣传统和优良作风，激发共产党员崇高理想追求，把以权谋私、贪污腐败看成是极大的耻辱②。

笔者发现，腐败问题随社会发展呈现出一些新特点，如年轻化、高学历化、形式多样化，尤其需要引起高度重视的是大学生作为非公共权力掌握者，也表现出一些“微腐败”行为。学生干部队伍中的跑官拉票，学生资助管理中的欺瞒获资、过期不归还助学贷，学术研究弄虚作假、向教师行贿以获得高分等行为令人警醒。大学生是民族的希望、祖国的未来，他们必然逐步走进社会，走上职场，成为各行各业的业务骨干或领导干部，他们是社会主义事业的建设者和接班人，因此，新时代大学生坚守廉洁底线，践行廉洁行为关系重大。

---

① 习近平. 高举中国特色社会主义伟大旗帜 为全面建设社会主义现代化国家而团结奋斗［M］. 北京：人民出版社，2022：69-70.

② 习近平. 深入推进党的自我革命 坚决打赢反腐败斗争攻坚战持久战［N］. 人民日报，2024-01-09.

新时代大学生思维活跃，对新生事物接受度高，富含拼搏意识、挑战精神、创新活力，他们由于先天的智力优势和年龄、数量优势必将成为社会未来的中坚力量，肩负起建设中国特色社会主义的重任。习近平总书记指出，青年是整个社会力量中最积极、最有生气的力量，国家的希望在青年，民族的未来在青年①。大学时期是全面提升专业能力、思想道德水平等综合素质的最佳时期，是苦练本领、增长才干的黄金时期，是大学生从学生转变为社会人的重要时期，是大学生世界观、人生观和价值观形成的关键时期，因此，这个时期是开展大学生廉洁教育的最好时期。开展多种形式的大学生廉洁教育，不断强化其廉洁意识，提升其廉洁自觉性，才能更加有效地确保他们走入社会、走上工作岗位后坚持践行廉洁行为，拒贪拒腐。

大学生廉洁教育对社会主义建设事业具有重要意义。2005 年 1 月，中共中央颁布的《建立健全教育、制度、监督并重的惩治和预防腐败体系实施纲要》明确指出，要将廉洁教育作为教育行政部门、学校和共青团组织开展青少年思想道德教育的重要内容。2007 年，教育部下发的《教育部关于在大中小学全面开展廉洁教育的意见》明确规定，自 2007 年起，全国大中小学要全面开展廉洁教育，大学生廉洁教育从此进入一个新的发展阶段。与此同时，笔者发现大学生廉洁教育还存在理论基础不扎实、教学实践不充分等问题。新时代的大学生表现出自我意识强、依赖网络等特点，社会外部环境也更加多元复杂，进一步加强新时代大学生廉洁教育，需要找准新时代大学生特点，不断丰富廉洁教育内容，完善廉洁教育方法，优化廉洁教育环境，形成教育合力，全力帮助大学生树立坚定的廉洁意

---

① 习近平．在纪念五四运动 100 周年大会上的讲话［N］．人民日报，2019-05-01.

识，使其在走入社会履行职责时能够自觉践行廉洁行为，因此，积极开展新时代大学生廉洁教育研究十分有必要。

（二）研究意义

1. 大学生廉洁教育丰富了高校思想政治教育的内容

高校思想政治教育是引导大学生树立正确的世界观、人生观、价值观的重要环节。马克思主义的基本观点之一就是发展的观点，发展的观点贯穿马克思主义理论体系。高校开设思想政治教育理论课同样需要秉持发展的观点，随着社会的变化和发展，不断更新教育理论和实践内容。进入新时代，改革持续深化，国际交流与合作不断加强，我国取得了经济建设的巨大成就。与此同时，受各种因素的影响，腐败问题日益凸显，党和国家高度重视并先后发布文件明确要求高校全面开展大学生廉洁教育，廉洁教育成为当前高校思想政治教育的一项重要内容。

廉洁教育是高校深入开展思想政治教育，顺应时代发展，推动廉洁社会建设的新课题。从目前掌握的情况来看，虽然有的高校已经开始积极探索大学生廉洁教育的新途径，部分高校也取得了阶段性的成果，但从总体上看，大学生廉洁教育在重视程度、准确定位、完善内容、丰富教育方法等方面仍存在欠缺，亟须进一步研究，为大学生廉洁教育提供理论基础和实践经验。大学生廉洁教育与思想政治教育的目标指向一致，两者在教育方法、教育内容、教育载体、教育对象和教育目的等方面紧密耦合，因此，大学生廉洁教育属于大学生思想道德教育范畴，是对大学生进行的防腐崇廉教育。开展廉洁教育研究能够有效拓展高校思想政治教育的内容。

2. 大学生廉洁教育拓展了反腐倡廉工作的领域

大学生廉洁教育是国家反腐倡廉工作的延伸，党和国家反腐倡廉工作的成效关乎人民对党的执政能力的信任，对国家未来发展的信心，是影响人心向背和党的生死存亡的大事。进入新时代，习近平总书记高度重视反腐倡廉工作，始终强调要保持清正廉洁的政治本色，对建设廉洁政府、加强反腐败工作多次作出部署。反腐倡廉是一项系统工程，具有长期性、复杂性的特点，不仅是一个理论课题，更是一个现实问题。在以往反腐倡廉工作中，公职人员是关注的重点，党和国家针对这个群体开展了各种廉政教育工作，如围绕廉政法律法规开展法治教育，围绕廉洁政府建设开展廉洁执政能力培养工作，围绕群众路线、公仆意识等开展群众路线教育，围绕“不忘初心、牢记使命”主题教育等推进反腐倡廉工作，取得了良好的效果。

但笔者发现，廉洁教育没有全面深入社会各个领域，这将导致全社会其他群体，尤其是大学生群体对反腐败问题认识不足。他们会普遍认为腐败是公职人员的问题，廉洁教育与自身无关，从而没有达到社会整体廉洁意识提升的效果。我们应该认识到，大学生廉洁教育是关口前移的教育，是预防腐败的教育，体现了源头防腐、思想防腐的思路，是反腐倡廉工作的拓展，能够有效地提升整体社会成员的廉洁意识和整个社会的廉洁程度。积极开展大学生廉洁教育，有效提升大学生廉洁意识，树立廉洁价值观，对大学生走进社会后更加有效地抵制腐败，践行廉洁行为意义重大，因此，开展大学生廉洁教育势在必行。

3. 大学生廉洁教育是落实高校立德树人根本任务的具体举措

2016年12月，习近平总书记在参加全国高校思想政治工作会议时指出，高校思想政治工作关系高校培养什么样的人、如何培养人以及为谁培养人这个根本问题。要坚持把立德树人作为中心环节。立德树人是高等教育的根本任务，是贯彻新时代党的教育方针的要求，是高等学校教育的目标。实现立德树人的教育目标，要以立德为先，德至少应当包括坚定的共产主义理想、社会主义核心价值观等内容，还要有中华传统文化中的孝悌忠信、礼义廉耻等，廉洁正是这些美德的重要组成部分。

高校为实现立德树人的目标，要加强大学生专业素养的教育，更要加强思想品德教育，帮助他们逐步确定人生目标和方向，坚定理想信念，形成良好的道德素质。大学生廉洁教育就是要培养大学生的廉洁意识，坚定廉洁价值观，使大学生步入社会、走入职场后能够自觉践行廉洁行为，因此，开展大学生廉洁教育不仅有利于大学生的健康成长，更有利于大学生实现德才兼备的全面发展，是落实高校立德树人根本任务的具体举措。

二、研究综述

（一）国外研究现状

国外并没有专门的廉洁教育，廉洁教育往往是在反腐败教育或者公民教育中开展的。从目前查阅到的资料来看，国外虽然没有具体针对大学生的廉洁教育，但有关于腐败的相关理论以及与廉洁教育密切相关的教育实践。这些能够为高校开展大学生廉洁教育提供有益的思路，具有一定的研究价值。

1. 关于腐败及其产生原因、危害的相关理论研究

腐败相关问题，国外有较多学者进行过研究，其中柏拉图、亚里士多德、卢梭以及被称为“近代以来系统研究腐败现象的第一人”的马基雅维里等，分别对腐败产生的根源、如何定义腐败等进行了深入探讨，并取得了一定的成果。

关于腐败的定义，不同学者从不同角度进行了分析。经典定义一般采用的是亚里士多德的《政治学》中所述内容：随着城邦国家政体的改变，主宰者违背各得其所的原则来分配城邦事务，把全部

和大部分好的东西归自己，把财富看得高于一切，独自一人驾驭着城邦和人民，施政专以满足私利为好，将人民的利益置之度外，这些即应被称为腐败。一些学者从政治学角度进行界定，如帕尔米认为，腐败是为了私利而利用公职。阿拉塔斯认为，腐败是基于私人利益而对信任的滥用①。美国政治哲学家亨廷顿指出，腐化，即公职人员为实现其私利而违反公认规范的行为，他还进一步分析指出，腐化的基本形式是政治权力与财富的交换②。

以上对腐败的定义，虽然是从不同角度甚至不同学科进行界定的，但是学者普遍认为，腐败的目的是获取私利，方式是利用公职或者公共规范或者公众信任等。

关于腐败产生的根源，国外学者同样从不同角度进行了分析。马基雅维里认为，不管他们多么善良，或有多好的教养，人们是多么易于腐化变质，使自身表现相反的性情，成为专制统治的帮凶③。美国政治学教授亨廷顿在《变化社会中的政治秩序》中指出，具有新资源的新集团的兴起，以及他们在政治领域中力图产生影响的尝试，造成了腐败的产生；现代化要求政治体系强化管制，而强化管制提供了腐败的机会。苏珊·罗斯·艾克曼认为，腐败动机之所以存在，是因为政府官员拥有分配稀缺资源以及给企业和个人施加沉重的成本负担的权力④。

不同学者从不同角度对腐败产生的根源进行了阐述，或从人具

---

① 保罗·海伍德、何增科. 政治腐败：问题与透视［J］. 马克思主义与现实，1998：27-33.

② 塞缪尔·亨廷顿著，李盛平、杨玉生等译. 变革社会中的政治秩序［M］. 北京：华夏出版社，1998：59-66.

③ 尼科洛·马基雅维里著，冯克利译. 论李维［M］. 上海：上海人民出版社，2012：158.

④ 苏珊·罗斯·艾克曼著，王江、程文浩译. 腐败与政府［M］. 北京：新华出版社，2000：44.

有易于腐化的可能性出发；或从新集团的需要出发，指明这种需求的本身催生了腐败；或从制度、环境、机构设置、经济发展水平等不同因素的影响出发。总之，学者从不同方面阐述了腐败滋生的原因，虽然角度不同，但是指向一致，即腐败是不可避免的。从不同角度分析腐败产生的原因，对我们最大的价值在于研究其根源，以便找出防治腐败的路径。

2. 关于廉洁的概念和相关教育的研究

从总体上看，国外并没有“廉洁教育”（probity education）这样的概念，它通常是包含在道德或者伦理教育中。笔者以“probity education”为主题词在斯普林格平台上搜索，得到的研究成果很少，而单以“probity”为主题词在斯普林格平台上搜索，仅找到一些学者的观点。Jonathan Rose 认为，廉洁在社会公众对政治行为者的信任方面起着特别重要的作用；党派联合对公民廉洁认识具有影响力，并提出了相关问题。Alan Doig 则认为，英国在公共诚信上具有较高的威信，似乎显示出腐败问题不足以威胁政府的公信力和社会的发展，但是事实上，政府人员在脱离公职以后，他们会用其他的方式和手段攫取利益，并且让这种行为趋向合法化。我们可以看出，学者普遍认为，廉洁、公信力、诚信是获得民众信任、保证社会健康发展的重要因素，必须引起我们极大的关注和重视。但是对于如何具体开展廉洁教育，提升全体国民尤其是大学生的廉洁意识，并没有系统和详细的论述。

西方国家开展的廉洁教育主要是在道德教育中进行的，目的在于培养合格公民。凯兴斯泰纳提出，培养合格公民是国家教育制度的主要目标，并指出在培养过程中，既要注重道德教育、爱国教育和忠诚教育，而且还要注重守法意识和廉洁意识的教育。英国教育家麦克菲尔和美国教育家诺丁斯认为，在公民廉洁教育中要注重从人的情感存在出发，从人的行为习惯入手，把人道精神、平等观念、尊重人的思想贯彻于公共生活之中；借助民主和法制的教育，让公众对权利义务、契约概念、秩序观念的认识更加深入、清晰，进而在培育民众公民意识的同时，使他们意识到遵守社会公德是每一个合格公民应尽的义务。

3. 关于开展廉洁教育的实践研究

为积极推动反腐败教育，西方国家有的大学开设了一些专门的课程，进行课程教育实践，如美国的约翰·霍普金斯大学高级国际研究院设有名为“腐败”的课程，重点研究第三世界国家的腐败和反腐败问题；哥伦比亚大学设有“政治腐败与治理”课程，主要研究腐败的概念、腐败产生的根源、腐败的类型和腐败的后果等内容；波士顿大学公共卫生学院开设了“卫生项目的腐败预防”课程，主要研究腐败的含义、卫生部门的腐败类型、腐败的代价、文化与腐败的关系、防止腐败的模型及战略、如何在财政管理制度中采取特别措施防止腐败等内容；乔治大学设有“犯罪、腐败和民主”课程，主要研究腐败的概念、私人机构的腐败、公共管理部门的腐败、政治腐败、犯罪的原因及类型、跨国组织犯罪、政府和社会对犯罪与腐败的反应等内容；纽约大学设有“腐败和腐败控制”课程，主要研究行政腐败、司法腐败、责任腐败、选举腐败、社团腐败、跨国腐败、政党管制、公平与投票权、政治改革等内容。以上这些大学开设的课程主旨是研究腐败的相关基础理论、腐败产生的根源、治理腐败的路径等，虽然不是直接以廉洁教育为核心开展的课程，但是对大学生廉洁教育的理论和实践都具有积极作用，能够为大学生廉洁教育提供一些有价值的参考。

从开展通识教育、公民道德教育的实践上看，美国通过在大学和专业学院开设通识教育课程，将完美公民所需的道德品质蕴含其中，对大学生加以教育，使他们逐步形成符合美国社会需要的价值观。加拿大高校的通识教育重视对大学生人文精神的培养，教育内容涵盖人文历史等多学科，还包括与廉洁相关的核心价值观。新加坡则通过“儒家伦理教育”课程，积极向大学生传导“八德目”的价值观，其中关于廉洁的内容，主要是基于培养大学生廉洁品格而展开。

目前国外与大学生廉洁教育相关的实践活动，主要围绕反腐败课程、通识教育、公民道德教育等展开。这些与大学生廉洁教育密切相关，但是针对性不强，因此不会得到理想的教育效果。

（二）国内研究现状

新时代是中国进入新的发展时期，站在新的历史方位的时代。围绕大学生廉洁教育的课题，不少学者进行了实践和理论层面的研究，获得了一定的成果。梳理这些成果有助于我们了解大学生廉洁教育的开展情况，便于后续更加有针对性地开展深入研究。

1. 关于新时代和新时代青年的研究

关于新时代的研究，现有的理论成果主要集中在对新时代的时间界定和新时代的基本特征研究上，了解新时代时间界定和基本特征，有助于我们全面把握大学生廉洁教育的内容和目标指向等。

新时代的时间起点目前基本上认为是党的十八大。王永贵、陈雪在《新时代：中国特色社会主义的新航标》一文中提出，党的十八大以来，中国特色社会主义事业发生了历史性变革，新时代的大幕缓缓拉开，党和国家事业的发展迎来了新的历史方位，中国特色社会主义站在了新的发展起点①。蔡文举、范明水在《新时代：从

① 王永贵、陈雪．新时代：中国特色社会主义的新航标［J］．思想理论教育，2018（3）：4-8.

历史的新起点到新的历史起点》中认为，新时代是以党的十八大以来所取得的成就为历史的新起点、以建成社会主义现代化强国为新的历史起点的特定历史阶段①。王立胜在《如何理解中国特色社会主义进入了新时代》，陈江生、张滔在《习近平关于“新时代”思想初探》，郭国祥、熊强在《习近平新时代科学论断的深刻内涵和时代意义》中也持这样的观点。王岐山同志2017年11月7日撰文指出，党的十八大承前启后、继往开来，以习近平同志为核心的党中央接过历史接力棒，开启了中国特色社会主义新时代②。

还有一部分学者认为新时代的起点应该从党的十九大开始，持这种观点的学者，如汪亭友在《“新时代”的政治哲学意蕴》中认为，中国特色社会主义进入新时代的“时代”，属于中观层次的概念，特指中国特色社会主义在初级阶段要经历的一个历史时期。这个历史时期，从党的十九大开始到2050年结束，有30多年③。

以上两种主要的界定方法，前者主要以党的十八大以来取得的成就为新的起点，从而确定中国进入了新时代，后者则主要依据党的十九大报告和“新时代”写入党章，确定党的十九大以后中国正式进入新时代。虽然从具体时间的界定上有一定的时间差，但是从本质上看，诸位学者都认为新时代的主要依据是中国发展的新起点和所处的新的历史方位。

对新时代的基本特征，学者们从不同角度做了论述。吴波在《中国特色社会主义新时代的科学阐释》一文中讲到，新时代具有两

---

① 蔡文举、范明水. 新时代：从历史的新起点到新的历史起点［J］. 海南大学学报（人文社会科学版），2018（3）：50-56.

② 王岐山. 开启新时代 踏上新征程［N］. 人民日报，2017-11-07.

③ 汪亭友. “新时代”的政治哲学意蕴［J］. 人民论坛，2018（27）：96-98.

个特征：一是今天的中国已经是一个发展起来的中国，意味着近代以来久经磨难的中华民族实现了从站起来、富起来到强起来的历史性飞跃；二是发展起来的中国面临一系列严峻而复杂的矛盾和挑战①。白显良、崔建西在《中国特色社会主义新时代的特征论析：兼论中国社会主要矛盾的转化》中指出，中国特色社会主义新时代具有继承与创新统一的发展性特征、挑战与机遇并存的复杂性特征、为了人民依靠人民的人民性特征、砥砺追梦奠基未来的阶段性特征、引领世界示范世界的国际性特征等②。高继文在《论新时代中国特色社会主义发展的鲜明特征》中指出，新时代中国特色社会主义发展到新的历史方位，呈现出新特征，达到新境界。这主要表现为，以实现国家现代化和中华民族伟大复兴为目标，坚持中国特色社会主义道路、理论体系、制度、文化的有机统一，把不断满足人民对美好生活的需要作为发展的根本目的，创新发展理念和发展布局，正确处理中国发展与世界发展的关系，推动建立新型国际关系和人类命运共同体③。

以上学者的论述侧重点有所不同，但都普遍认为应当从我国目前的历史方位，即已经实现从站起来、富起来到强起来的历史性飞跃，要满足人民对美好生活的需要以及要担负起越来越多的使命等层面上理解。把握新时代的基本特征有助于我们全面认识大学生廉洁教育要达到的目标和应涵盖的内容。

对新时代青年有什么独特特征进行研究，有助于我们开展大学

---

① 吴波. 中国特色社会主义新时代的科学阐释［J］. 人民论坛，2018（28）：92-93.

② 白显良、崔建西. 中国特色社会主义新时代的特征论析：兼论中国社会主要矛盾的转化［J］. 重庆大学学报（社会科学版），2018（4）：207-214.

③ 高继文. 论新时代中国特色社会主义发展的鲜明特征［J］. 山东师范大学学报（人文社会科学版），2018（5）：1-11.

生廉洁教育时更加具有针对性，有的放矢地开展廉洁教育。李辉在《在新时代的大势下理解新青年》中指出，当代青年具有务实、开放和网络化生存的基本特征。当代青年既是新时代中国特色社会主义伟大历史进程的见证者，也是伟大事业的继承者①。石国亮在《“新时代”青年的使命与担当》中认为，《中长期青年发展规划（2016—2025 年）》将青年年龄界定为 14—35 周岁，青年群体先天的年龄优势和数量优势，决定了他们可以肩负起新时代的使命职责。青年人精力充沛，能够负担各种对体力、智力高要求和高压力的劳动。青年思维活跃，最少保守思想，接受新事物的速度快，是进行观念创新、知识更新和技术革新的核心力量②。

张驰、王燕在《习近平关于新时代青年成长成才教育观要论》中指出，当今青年拥有更大的平台去施展才智，也面临着更多诱惑与挑战。青年人身上富含拼搏意识、挑战精神、创新活力等特质③。陈辉吾在《新时代青年的成才机遇与使命担当》中指出，当代青年出生成长于全球化深入发展和改革开放的时代，时代赋予了他们鲜明的代际特征。他们思想解放，思维活跃，视野开阔，勇于接受新事物，勇于创新变革，勇于挑战传统，勇于担当使命④。从以上研究可以看出，当代青年成长于全球化飞速发展的时代背景下，思维开放，价值观更加包容，但同时也面临更多的诱惑和挑战。他们对于世界的和平与发展有着更加深刻的认识，有更加强烈的意愿。他

---

① 李辉. 在新时代的大势下理解新青年［J］. 人民论坛，2018（22）：12-14.

② 石国亮. “新时代”青年的使命与担当［J］. 中国青年社会科学，2018（1）：19-25.

③ 张驰、王燕. 习近平关于新时代青年成长成才教育观要论［J］. 湖北社会科学，2018（10）：165-170.

④ 陈辉吾. 新时代青年的成才机遇与使命担当［J］. 前线，2018（11）：54-57.

们比以往任何一个时代的青年都拥有更大的平台，也肩负着更多的责任和使命。

2. 关于廉政教育的研究

廉政教育的对象主要是拥有公共权力的人员，大学生虽然尚未进入社会，但他们终归会走入职场，有的会成为各级领导干部，有的会成为不同行业的业务骨干。廉政教育的内容、目标以及教育方法等与大学生廉洁教育具有一致性，对廉政教育的研究进行梳理能够为大学生廉洁教育提供一些有益的参考。

我国关于廉政建设的著作主要有徐家林、邓纯余等所著的《中国共产党反腐倡廉建设史论》，当代著名学者张耀灿所著的《中国共产党思想政治教育史论》，郭兴全所著的《中国廉政建设的理论与实践》，刘海年、李林等编的《依法治国与廉政建设》等。这些著作的侧重点各有不同，或者研究了中国廉政建设的思路、目标、战略、实践等内容，或者以中国共产党反腐倡廉工作为线索，总结经验教训，提出未来方向等。

在廉政教育内容的研究上，中共中央纪律检查委员会、中共中央党校组织编写的《新时期领导干部反腐倡廉教程》指出，对领导干部的反腐倡廉教育主要是以树立马克思主义的世界观、人生观、价值观和正确的权力观、地位观、利益观为根本，以艰苦奋斗、廉洁奉公为主题，开展党的优良传统和作风教育、党规党纪教育等。邵景均在《廉政教育实效性探索》中认为，廉政教育的初级层次是使干部按照党中央颁布的廉政准则的要求，了解“应该做什么”和“不准做什么”，丰富反腐倡廉新知识含量。廉政教育的高级层次则是改造旧有观念，变革思维方式，从根本上解决廉政问题。杨文明在《探讨建设有中国特色的廉政教育体系——行政伦理与中国廉政教育理论研讨会在京召开》中指出，要高度重视加强领导干部道德底线教育，包括人生观底线、政治底线、道德底线等。任建明在《腐败与反腐败：理论、模型和方法》中则提出，廉洁教育的内容要侧重于腐败的危害、原因，以及治理、防止腐败的知识、理论。同时，一些普适的、重要的社会价值也需要作为教育内容予以重点普及，包括公平、公开、透明、廉洁、法治、民主、竞争、问责、责任等。

在廉政教育路径的研究上，邵景均在《廉政教育实效性探索》中提出，让廉政教育走向社会，在群众监督和社会实践中获取教育成果。对领导干部的廉政教育，要从办公室和教室中走出来，到群众中去，到实践中去，接受群众和实践的教育。群众实践是廉政教育的大课堂。时和兴在《探讨建设有中国特色的廉政教育体系——行政伦理与中国廉政教育理论研讨会在京召开》中认为，廉政教育实际上还是一个“五化”的进程，即濡化、教化、内化、强化和涵化所构成的廉政文化社会化过程。

借鉴以上这些关于廉政教育的相关成果，有助于我们了解中国共产党开展的廉政建设工作和廉政教育的内容与方法等，也对我们开展大学生廉洁教育有所启发。

3. 关于大学生廉洁教育必要性的研究

大学生廉洁教育的课题已进入学者的视域，不少学者对大学生廉洁教育的必要性进行了探讨，夏秀芹、曲雁在《开展大学生廉洁教育的探索与思考》中认为，大学生廉洁教育是“大宣教”工作格局不可或缺的部分，是大学生健康成长的必修课，有助于高校实现育人育才目标，是预防为主理念的具体体现[①]。沃野在《大学生廉洁教育必要性和实效性研究》中提出，开展大学生廉洁教育是高校

---

① 夏秀芹、曲雁. 开展大学生廉洁教育的探索与思考 [J]. 思想教育研究，2010 (2)：100-102.

人才培养的必然要求，是高校廉政文化建设的必然要求，是科学有效预防腐败的必然要求①。张文军在《关于高校对大学生进行廉洁教育的思考》中提出，廉洁教育是构建社会主义和谐社会的必然要求；是建立健全教育、制度、监督并重的惩治和预防腐败体系的重要任务；是加强和改进大学生思想政治教育，促进大学生健康成长的客观需要；是弘扬中华民族传统美德的有效途径。徐传光、于学强在《加强大学生廉洁教育的思考》、郭堃在《论大学生廉洁文化教育的必要性与实操性》、孙立军在《论大学生廉政教育的意义和途径》、陈文昆在《论当代高校大学生廉洁教育的目标及其原则》中都提出廉洁教育是培育社会主义事业接班人的需要。各位学者都认为开展大学生廉洁教育非常重要且有必要，是高校人才培养的必然要求，是建设和谐社会的需要，是大学生自身成长成才的需要，是培育社会主义事业建设者和接班人的需要。

4. 关于大学生廉洁教育的现状研究

大学生廉洁教育的现状，不同的学者有不同的研究和论述，一些学者采用了实证研究的方法，通过发放调查问卷等形式了解大学生廉洁教育的现状，如龙兴跃、杨鸿捷在《大学生对廉洁教育的认知现状与对策分析：以医学生职业教育中的廉洁教育现状调查为例》中对某医学院的 4 个年级、8 个专业的 5000 余名在校大学生进行了抽样调查。调查结果表明，医学生敬廉尚廉的愿望强烈，但对反腐倡廉的历史传统和现行政策认知度不高。医学生反腐倡廉的信心坚定，但对当前反贪惩腐的形势认识不足。医学生廉洁自律的目标明确，但对开展廉洁教育的参与度与支持率不高。医学生惩贪肃廉的

① 沃野．大学生廉洁教育必要性和实效性研究［J］．牡丹江师范学院学报（哲学社会科学版），2014（4）：143-144.

思想统一，但“憎腐”行为与“羡腐”心理并存①。

孟鸿、李玉华在《大学生廉洁观教育现状调查研究》中通过发放问卷的形式进行定量研究，结果表明，部分大学生具有一定的廉洁意识，厌恶、憎恨腐败现象，意志坚定并能够抵制不廉洁行为，但也有部分大学生存在认知模糊、对腐败现象比较认同、意志薄弱以及思想和行为不一致等问题②。高星等在《大学生廉洁教育现状分析》中认为，“80后”公职人员犯罪率呈曲线上升趋势，在校大学生廉洁意识较为缺失，高校对大学生廉洁教育重视不够③。王凌在《当代大学生廉洁观调查：基于1799份问卷的分析》中认为，当代大学生形成了较正确的廉洁观，但也存在诸如“中间地带”等问题④。通过各位学者的研究，我们对大学生廉洁教育现状有了一定的了解，对大学生廉洁教育存在的问题有了一定的认识。大学生普遍对廉洁价值观持赞同态度，向往廉洁社会，但是也存在廉洁认知模糊、知行不一等问题。

5. 关于大学生廉洁教育的目标、原则的研究

关于大学生廉洁教育的目标，沃野在《大学生廉洁教育必要性和实效性研究》中提出，廉洁教育是为了提高大学生对反腐倡廉重要意义的认识，不断增强党风廉政建设和反腐败的信心，培养崇尚

---

① 龙兴跃、杨鸿捷. 大学生对廉洁教育的认知现状与对策分析：以医学生职业教育中的廉洁教育现状调查为例［J］. 学校党建与思想教育，2011（35）：85-86.

② 孟鸿、李玉华. 大学生廉洁观教育现状调查研究［J］. 当代青年研究，2013（1）：111-116.

③ 高星、丁振国、王渊. 大学生廉洁教育现状分析［J］. 学校党建与思想教育，2013（18）：57-58.

④ 王凌. 当代大学生廉洁观调查：基于1799份问卷的分析［J］. 河南大学学报（社会科学版），2011（2）：132-139.

廉洁意识，自觉践行廉洁自律的行为规范①。侯振发、罗永宽、李斌雄在《学校廉洁教育是构建社会主义和谐社会的基础工程》中将廉洁教育目标定位在素质教育和道德教育层面，以提高大学生的公正、清廉、敬业等方面的基本素质②。陈文昆在《论当代高校大学生廉洁教育的目标及其原则》中提出，廉洁教育是为了培养学生的廉洁良知，增强学生廉洁情感，强化学生的廉洁意志，规范学生的廉洁行为，健全学生的人格，树立学生正确的价值观，熟悉廉政建设的基本理论知识，形成正确的廉洁理念。由上可见，虽然具体目标有所不同，但学者们普遍认为应当通过积极开展大学生廉洁教育，培养大学生廉洁意识，规范大学生日常行为。

关于大学生廉洁教育的原则，有的学者从尊重教育对象的角度出发，如王瑞兰在《大学生廉洁教育的定位分析与路径设计》中认为，必须以社会主义核心价值体系为引领，以满足大学生需要为出发点，以尊重大学生的主体性为基本原则③。有的学者从具体教育方法出发，如夏云强在《基于心理保护视角的大学生廉洁教育原则》中提出坚持正面教育原则、心理疏导原则、施受相宜原则、全面渗透原则、环境育人原则④。陈文昆在《论当代高校大学生廉洁教育的目标及其原则》中强调，要坚持“显性与隐性结合”的课程设置原则，丰富“施受相宜”的教学内容，采取“体验式”的教学方法，

① 沃野．大学生廉洁教育必要性和实效性研究［J］．牡丹江师范学院学报（哲学社会科学版），2014（4）：143-144.

② 侯振发、罗永宽、李斌雄．学校廉洁教育是构建社会主义和谐社会的基础工程［J］．武汉大学学报（人文科学版），2006（4）：507-510.

③ 王瑞兰．大学生廉洁教育的定位分析与路径设计［J］．思想理论教育导刊，2016（1）：148-150.

④ 夏云强．基于心理保护视角的大学生廉洁教育原则［J］．改革与战略，2006（11）：99-101.

建构“古为今用、融贯中西”的开放式教育体系[①]。学者们从不同的角度论述了大学生廉洁教育应当遵从的原则，这为我们进一步研究如何开展大学生廉洁教育打下了基础。

6. 关于大学生廉洁教育内容的研究

大学生廉洁教育的内容，是学者们普遍关注的焦点问题，不同学者对大学生廉洁教育的内容有不同的选择。有的学者重视廉洁教育与职业道德的衔接，如夏秀芹、曲雁在《开展大学生廉洁教育的探索与思考》中认为，大学生廉洁教育内容包括艰苦奋斗教育、诚实守信教育和爱岗敬业教育[②]。有的学者建议以廉政建设的相关内容为基础，逐步完善大学生廉洁教育的内容，如夏云强在《构建大学生廉洁教育内容基本框架的探讨》中强调，要以社会主义核心价值体系为引领和主导，以思想道德教育为基础，以系统的反腐倡廉理论教育为新的着眼点，在实践中逐步完善大学生廉洁教育的内容体系[③]。

有的学者认为大学生廉洁教育应当涵盖更多的内容，如谭琦在《当代大学生廉洁教育研究》中将其划分为理想信念、廉政理论、法律修养、思想品德等几项内容。

《教育部办公厅关于在大中小学开展廉洁教育试点工作的意见》指出，大学阶段主要安排学生学习我们党反腐倡廉的理论与实践、社会主义政治文明建设理论、党风廉政建设和反腐败方面的政策法规以及我国古代廉政思想等。高校要安排一定课时，用于以廉洁教育为主题的综合实践活动课。关于大学生廉洁教育的内容，不同学

---

① 陈文昆．论当代高校大学生廉洁教育的目标及其原则［J］．黑龙江高教研究，2009（5）：130-133.

② 夏秀芹、曲雁．开展大学生廉洁教育的探索与思考［J］．思想教育研究，2010（2）：100-102.

③ 夏云强．构建大学生廉洁教育内容基本框架的探讨［J］．教育与职业，2007（26）：85-87.

者有不同的看法，尚未形成统一的意见。我们可以以教育部的文件为指导，全面考虑大学生廉洁教育应涵盖的内容。

7. 关于大学生廉洁教育方法的研究

大学生廉洁教育方法的研究也是学者们重点关注的对象，有的学者从建立廉洁教育体系角度出发，如邓纯余在《大学生廉洁教育研究述评》中主张加强廉洁教育的目标体系、教育实践、教育资源建设并开展高校廉政文化研究①。有的学者从整体开展大学生廉洁教育所需关注的点出发，全面论述如何增强大学生廉洁教育的实效性，如王瑞兰在《大学生廉洁教育的定位分析与路径设计》中认为，要丰富大学生廉洁教育的内容，创新大学生廉洁教育的方法和载体，营造大学生廉洁教育的环境②。

有的学者从高校纪委、高校教师、校园文化和社会实践等不同角度论述如何开展大学生廉洁教育，如徐惠红、石佑在《试析高校开展大学生廉洁教育的有效途径》中指出从高校纪委角度，要加强指导、完善廉洁教育协调机制；从高校教师角度，要增强意识、廉洁教育渗透课堂内外；从校园文化角度，要注意紧密结合、增强廉洁教育实效性；从社会实践角度，要注意知行统一、拓展廉洁教育渠道③。有的学者从关注大学生廉洁教育与德育的耦合等角度论述如何开展大学生廉洁教育，如丁振国等在《加强大学生廉洁教育略论》中强调，大学生廉洁教育一是要有效促进大学生廉洁教育与德育的耦合及同构；二是要紧跟高校人才培养的主线，重视校园廉洁文化的感染作

---

① 邓纯余. 大学生廉洁教育研究述评［J］. 郑州航空工业管理学院学报（社会科学版），2008（4）：148-151.

② 王瑞兰. 大学生廉洁教育的定位分析与路径设计［J］. 思想理论教育导刊，2016（1）：148-150.

③ 徐惠红、石佑. 试析高校开展大学生廉洁教育的有效途径［J］. 黑龙江高教研究，2013（10）：125-127.

用；三是要秉承“教育无痕”的育人理念，积极营造良好的廉洁生态环境以增强教育的渗透力[①]。总体上看，学者们从不同角度提出了强化大学生廉洁教育的方法，各有侧重点，对我们进一步研究大学生廉洁教育的方法有借鉴意义。

（三）研究述评

从以上研究成果，我们可以看出，对反腐各国态度非常明确，学者意见也完全统一，要高度重视腐败问题，积极探索遏制腐败的方法，各国在反腐倡廉建设上作出了很多尝试，也取得了一定的成果，但是还存在不足之处：其一，关于如何从源头上遏制腐败，即通过强化廉洁意识，开展廉洁教育来提升整个社会廉洁度，研究得还较少；其二，现有实践成果主要集中在如何开展反腐教育，也就是开展警示教育上，对如何开展正面教育，尤其是高校如何对学生开展廉洁教育、廉洁教育应包括哪些内容、如何创新廉洁教育的载体等方面，研究得还不够深入；其三，他国的经验往往只适用于其他国家，我们在具体应用上，还需要与我国的实际相结合，从而探索出适合我国大学生廉洁教育的理论和方法。

国内对大学生廉洁教育的现状研究主要是以一定数量的调研问卷的形式开展的，更为深入的座谈会或者个别访问等形式较少，因此掌握的资料不够全面。关于大学生廉洁教育必要性的研究，学者较有共识，均认为其是大学生思想政治教育的一项重要内容，是预防腐败的重要环节，是促进大学生健康成长的客观需要等。关于大学生廉洁教育的目标，学者们从不同角度进行了论述，提高大学生的廉洁意识，规范大学生的廉洁行为是学者们的共识。关于大学生

① 丁振国、王渊、高星. 加强大学生廉洁教育略论［J］. 学校党建与思想教育，2012（32）：21-22.

廉洁教育的原则，有的从教育方法角度入手，有的从教育内容方面入手，侧重点有所不同，尚未形成统一的认识。

关于大学生廉洁教育的内容，学者们论述较多，但由于关注点不同，因此在认识上有一定差别，但是传统文化中的优秀成果、反腐倡廉建设的理论成果、社会主义核心价值观等是他们一致认为的重点内容。关于大学生廉洁教育方法的研究，有的从教育内容的完善、教育环境的营造、教育载体的更新方面进行论述，有的从不同教育主体发挥不同作用方面进行论述，形成了很多有价值的学术成果。

国内外关于新时代大学生廉洁教育的相关研究成果，为本研究提供了丰富的素材和思路。但也仍然存在一些问题，如对新时代的时代特点分析不够、对新时代大学生的特征挖掘不够，因此教育措施针对性不强；在教育内容的选择上，目前学者意见比较分散，虽然重点内容得到学者的普遍认同，但对这些内容没有进行梳理和整合；在提升大学生廉洁教育实效性的研究上，方法还不够多等。笔者长期关注这些问题，致力于总结新时代大学生的特征，在考察调研的基础上，探讨目前大学生廉洁教育存在的问题，以期能够丰富新时代大学生廉洁教育的内容，提出一些能提升新时代大学生廉洁教育实效性和优化新时代大学生廉洁教育环境的方法，形成教育合力，不断促进新时代大学生廉洁教育的全面开展，提升新时代大学生廉洁意识。

三、研究思路、研究内容和研究方法

（一）研究思路

本研究针对新时代大学生廉洁教育实效性不高的问题，以马克思主义基本理论为指导，运用文献分析法、历史研究法、比较研究法、实证研究法等对新时代大学生廉洁教育进行专题研究，根据

“理论阐释—历史考察—现实审视—经验借鉴—总体思路—具体路径”的脉络，分六章对新时代大学生廉洁教育进行深入研究。

（二）研究内容

本研究从新时代大学生廉洁教育的理论阐释入手，对新中国成立以来廉洁教育的历史发展进行分期梳理并总结基本经验，通过调研找出当前大学生廉洁教育存在的问题并分析主要原因，对国内外开展大学生廉洁教育的实践进行总结，并得出对我国开展新时代大学生廉洁教育的启示，最终提出新时代大学生廉洁教育的总体思路和提升廉洁教育实效性的一些具体路径。本研究从六个方面进行阐释。

1. 新时代大学生廉洁教育的理论阐释

笔者首先从廉洁、廉政的概念入手，分析它们之间的区别和联系，进而明确廉洁教育、大学生廉洁教育的内涵，分析大学生廉洁教育的特征；其次阐释新时代大学生廉洁教育的重要性和必要性；最后剖析马克思主义关于党的建设、政党纯洁性、权力监督、人的全面发展等理论，中华传统文化中的廉洁教育思想和中国共产党领导人的有关论述。

2. 新中国成立以来大学生廉洁教育的历史考察

1949 年到 1976 年为第一个时期，该时期以高校思想政治教育给大学生廉洁教育带来机遇为标志；1977 年到 2004 年为第二个时期，该时期以高校思想政治教育在改革开放新时期开创新局面，通过公民道德教育推动大学生廉洁教育为标志；2005 年到 2011 年为第三个时期，该时期以党中央颁布《建立健全教育、制度、监督并重的惩治和预防腐败体系实施纲要》为标志，大学生廉洁教育进入快速发展期；2012 年至今为第四个时期，该时期以党的十八大报告明确提出社会主义核心价值观的基本范畴为标志，大学生廉洁教育进入全面发展期。

3. 新时代大学生廉洁教育的现实审视

基于对东、中、西部10所不同办学层次的高校1030份有效调查问卷的数据分析以及35份访谈记录，笔者发现，新时代大学生廉洁教育取得了一定的成效。这主要体现为：新时代大学生对廉洁教育的认同度有所增加，廉洁意识有了一定提升，整体上教育初见成效。但与此同时，大学生廉洁教育还存在队伍建设不到位、体制不完善、方法不丰富、知行不统一等问题。

4. 新时代大学生廉洁教育的经验借鉴

为进一步探寻解决新时代大学生廉洁教育的困境、提升廉洁教育实效性的方法，笔者梳理了国外和中国香港地区开展大学生廉洁教育的实践活动，并分析了强化廉洁教育的立体化渗透、强化政府在廉洁教育中的组织引领、强化社区教育模式的积极探索等对我国开展大学生廉洁教育的启示。

5. 新时代大学生廉洁教育的总体思路

首先，明确新时代大学生廉洁教育的目标。本研究确定的廉洁教育的目标是增强廉洁认识、提升廉洁认同、树立廉洁观念、践行廉洁行为。其次，确定新时代大学生廉洁教育的原则。本研究确定的廉洁教育原则是方向性和学理性相统一、认知和践行相统一、灌输教育和双向互动相结合、显性教育和隐性教育相结合。最后，建立大学生廉洁教育的机制。本研究从主体构建、组织机制、保障机制和评价机制四个层面论述新时代大学生廉洁教育机制的构建。

6. 新时代大学生廉洁教育的具体路径

本研究从丰富新时代大学生廉洁教育的内容体系、完善新时代大学生廉洁教育的载体途径和优化新时代大学生廉洁教育的环境三个维度进行论述。首先，从经典著作、中华优秀传统文化和新时代理论中汲取营养，逐步完善廉洁教育的内容；其次，分别从课堂廉洁教育、廉洁教育实践、网络廉洁教育等方面丰富廉洁教育的方式；最后，从社会环境、校园环境、家庭环境和网络环境四个方面优化廉洁教育环境，最终形成育人合力。

（三）研究方法

1. 文献研究法

文献研究法是本研究采用的主要方法。笔者对大学生廉洁教育的相关理论和政策，尤其是经典著作、党和国家关于大学生廉洁教育的指导性文件与中国共产党领导人的有关论述进行系统梳理，为本研究提供坚实的理论基础。

2. 历史研究法

本研究通过梳理中国古代传统文化中关于廉洁教育的优秀成果，为新时代大学生廉洁教育提供理论支撑和内容指导。

3. 比较研究法

本研究通过分析国外及中国香港地区大学生廉洁教育的情况，总结出可供借鉴的经验教训。

4. 实证研究法

本研究选择东、中、西部10所不同办学层次的高校进行问卷调研。笔者对不同年级、不同专业、不同身份（党员、非党员；学生干部、普通学生；大学新生、毕业班学生）的学生，实施廉洁教育的思想政治理论课教师、辅导员、学工干部等进行深度访谈，了解他们对大学生廉洁教育的意见和建议。

四、研究的重难点和创新之处

（一）研究的重难点

新时代大学生廉洁教育是我国反腐倡廉工作的延伸，是高校思想政治教育工作的重要内容，具有理论和实践的双重价值。将该问题论述清楚并得出一些具有实效性的举措，本研究存在以下三个方面的重难点。

第一，明确大学生廉洁教育与廉政教育的区别。大学生廉洁教育是一个相对较新的话题，正式提出是在2005年之后，之前人们更多关注的是廉政教育。廉政教育具有特殊性，其教育对象一般是掌握公共权力的公职人员，大学生廉洁教育是将关口前移的教育。因此，大学生廉洁教育与廉政教育在内涵上有重合，但也有不同，需要重点厘清。

第二，在前人研究的基础上，进一步丰富和完善新时代大学生廉洁教育的内容。我们要在马克思主义理论的指导下，不断充实中国共产党的最新理论和实践成果，提高新时代大学生廉洁教育的实效性。

第三，进一步提升新时代大学生廉洁教育的实效性。大学生廉洁教育是一项系统工程，也是一项长期任务，其成效往往需要较长的时间才得以充分显现。我们应遵循教育规律并关注大学生的现实需要，积极探索新时代大学生廉洁教育的有效实施途径。

（二）研究的创新之处

第一，党和国家高度重视大学生廉洁教育，专门发文对高校开展大学生廉洁教育提出要求和指导意见。诸多学者也高度关注大学生廉洁教育问题，在大学生廉洁教育的目标、原则，当前大学生廉洁教育存在的问题，大学生廉洁教育的内容、方法等方面进行研究探索，并取得了一些成果。但这些研究相对分散，往往是针对其中某些问题进行研究，从整体上对新时代大学生廉洁教育进行理论梳理还比较少见，这是本研究的价值所在。

第二，新时代大学生廉洁教育需要契合时代和大学生的特点，寻求提升教育实效性的方法。本研究在现有研究成果的基础上，结合大学生自身特点，提出优化大学生廉洁教育的途径，具有一定的创新性。

第一章　新时代大学生廉洁教育的理论阐释

《建立健全教育、制度、监督并重的惩治和预防腐败体系实施纲要》提出，教育行政部门、学校和共青团组织要把廉洁教育作为青少年思想道德教育的重要内容。积极开展新时代大学生廉洁教育，需要对相关理论进行阐释，剖析廉洁、廉洁教育、大学生廉洁教育等核心概念，明确新时代开展大学生廉洁教育的重要性和必要性，梳理相关理论，为更深入的研究提供基础。

一、相关概念的界定

概念是理论研究的起点，只有打好这个基础，才能扎实进行深入的研究。讨论大学生廉洁教育，离不开对廉洁、廉政等相关概念的分析和界定，明确它们的内涵，找出各自特征，从而更准确地理解大学生廉洁教育的现实意义。

（一）廉洁与廉政

“廉洁”和“廉政”是非常接近的两个词，在很多时候甚至会交叉使用，但实际上，二者有着明确的区别，厘清二者之间的区别和联系，是我们正确认识和开展新时代大学生廉洁教育的理论起点。

1. 廉洁和廉洁文化

“廉洁”在《现代汉语词典》中的意思是“不损公肥私；不贪污”①。在《词源》中，“廉洁”的解释为“公正，不贪污”，《辞海》中的解释为“清廉、清白”。综合以上解释，我们通俗地说，廉洁就是不贪污，不妄取，公平正直，清白勤俭，不受世俗丑行污染。“廉洁”一词出现在战国时期诗人屈原的《楚辞·招魂》中：“朕幼清以廉洁兮，身服义而未沬”，意思是说“我幼时秉持清廉的德行，献身于道义而未曾有懈怠”。东汉著名学者王逸在《楚辞·章句》中注释“不受曰廉，不污曰洁”，意思是说“不接受他人馈赠的钱财礼物，不让自己清白的人品受到玷污，就是廉洁”。“廉”指的是清廉，不贪取不应得的钱财，“洁”指的是洁白，意指人生光明磊落的态度。

在中国古代传统文化中，廉洁的释义主要指向良好的道德品行。而在现代社会中，廉洁的释义除了道德层面外，还有更多的含义。尹世尤认为，廉洁的内涵应该包含修身齐家的简朴思想、艰苦奋斗的勤政思想、倡导官德的廉政思想和爱国爱民的仁政思想等内容②。程水源等认为，廉洁的内涵除了传统廉洁文化中“不污不受”的基本要求之外，在当代还应该包括求真务实、与时俱进的科学态度；艰苦奋斗、锐意进取的拼搏精神；与民同苦、为民谋利的亲民情怀；富贵不淫、位权不骄的生活修养；勤俭节约、健康环保的时代风尚等一系列现代廉洁思想③。

---

① 中国社会科学院语言研究所词典编辑室. 现代汉语词典（第 7 版）[Z]. 北京：商务印书馆，2016：811.

② 尹世尤. 廉洁文化与中华民族时代精神培育研究 [M]. 北京：中国书籍出版社，2013：53.

③ 程水源、叶芃：高校廉政建设理论文集 [M]. 武汉：武汉出版社，2012：61.

综上所述，在当代，廉洁的内涵更为广泛，从道德层面讲，主要对个体进行规范和要求，具体指代个人修养品德，是人们追求清白正直、不贪不腐的一种道德价值追求；从社会关系、社会价值层面讲，廉洁从权利和义务的角度约束与规范人们之间的关系，在这个角度上，廉洁具有法律层面的内涵，它既要求人们具有廉洁守法的义务，同时也赋予了人们因他人不廉洁守法而对个人利益造成侵犯时可以主张的权利；从政治准则层面讲，廉洁更多地表现出与廉政的等同含义，主要指向政府工作人员，对他们的行为进行道德品质上的约束，同时确保其行为合理、合情、合法。笔者认为，廉洁指的是公正、不贪污、忠诚老实、严谨自律的良好品德。

“廉洁文化”是由“廉洁”和“文化”组成的复合词，而且它的词义重点是在文化上，廉洁文化是文化的一种，它是一种主要指向廉洁的文化。广义的文化包括人类所创造的物质财富和精神财富即所有财富的总和，是人的创造力发展与发挥的结果，是人的创造力产生的物质文明、精神文明、生态文明的总和。狭义的文化相对于有形物质，指的是人类的各种精神现象或产物，如思想境界、风俗习惯、伦理道德、知识学问等。狭义的文化侧重于人的主体精神世界，我们是从狭义的文化角度认识廉洁文化的。

廉洁是中华民族的传统美德，是中国传统道德中的一个基本规范，被视为“国之四维”之一，又被视为“仕者之德”①。因此，在中华传统文化中，廉洁文化与廉政文化很难区分开来，廉洁文化的核心指向是“仁政”“爱民”“勤俭”“清廉”等要素，随着社会的进步和发展，廉洁文化也被赋予了更加丰富的内涵。著名学者张耀灿、

① 罗国杰. 中国传统道德（简编本）[M]. 北京：中国人民大学出版社，1995：77.

肖映胜从作用出发解释廉洁文化，他们认为，廉洁文化对于提升国民素质，从社会主体视阈推进社会主义和谐社会的构建有着举足轻重的地位；对于营造文化软环境，从社会监督视阈推进反腐倡廉建设意义重大①。

张国臣提出，社会主义廉洁文化是广大人民群众追求公平正义、安定有序、诚信友爱的社会境界在心理上的一种文化反映，内含了一种崇高的价值理想、合理的价值取向和重要的价值评价标准②。学者余玉花认为，廉洁文化是指廉洁知识化、社会化的形态，包括廉洁的知识、观念和理论，廉洁品性的行为表现，廉洁制度上的表现，廉洁伦理的社会性评价（如文学艺术中的廉洁形象、社会舆论中的廉洁评价）③。笔者认为，廉洁文化区别于廉政文化，是指在经济、政治、文化和社会生活中，被社会成员普遍认同的具有廉洁价值导向的道德观念和行为方式，它所包括的内容、涉及的范围、教育的对象更为广泛。

2. 廉政和廉政文化

廉政的概念，最早可以追溯到《晏子春秋》中的记载，齐景公问政于晏婴："廉政而长久，其行何也？"晏婴对曰："其行水也。"意思是说，"只要为政者能够像水一样清净廉洁，就可以长久为政"。

"廉政"在现代汉语中是"廉洁"的下位词语，通常意义上指代廉洁政治，《现代汉语词典》（第7版）对"廉政"的解释是"使政治廉洁"。由于"廉政"本身是一个具有政治色彩的词语，所以对其

---

① 张耀灿、肖映胜. 中国特色社会主义廉洁文化科学内涵探微［J］. 领导科学，2011（8）：9-11.

② 张国臣. 论社会主义廉洁文化的内涵、特征与功能［J］. 郑州大学学报（哲学社会科学版），2011（5）：16-18.

③ 余玉花. 论以社会主义荣辱观为核心的学校廉洁教育［J］. 江西师范大学学报（哲学社会科学版），2008（1）：13-16.

下定义我们还应该参考政府对它的官方说法。中共中央党校和中共中央纪律检查委员会共同组织编写的《新时期领导干部反腐倡廉教程》将“廉政”定义为国家政务信息公开，办事公开，权力透明，国家公职人员行为正派，办事效率高，态度端正，认真负责，不受社会不良行为影响。

早在古希腊时代，亚里士多德就在《政治学》一书中将廉洁政治定义为“以公共利益为依归”的政府形式，即君主政体、贵族政体、立宪政体。他认为，廉洁政治的目的是完成某种“善业”，获得某种“善果”。在亚里士多德看来，立国和执政密切相关，二者的宗旨趋向一致。立国以廉，才能执政为民，才能以全邦公民的共同利益为重，并为之图谋优良的生活；立国以廉，才会选择合理的优良政治制度，合理正义的政治制度，为执政者执政为民提供制度保障，为政者廉洁奉公、为政清廉又会促进国家政治的清廉。古罗马思想家西塞罗从国家政治、法律、官制等方面提出其廉洁政治的主张，即分权制衡、法律监督、官员选举制、崇尚节俭等。他认为，一个国家必须存在一种权利、义务与职能之间的平衡，因此行政官员拥有足够的权力，显赫公民的顾问们有足够的影响力，人民有足够的自由。

随着社会的发展和廉政理论的不断完善，学界对廉政的认识也更加深刻，目前形成了比较有代表性的两种观点。第一种观点强调执政群体应廉洁守纪。持这种观点的学者，如李明辉认为，廉政是指执掌权力的群体和个体奉公守法、清正廉洁，和为达到此目的而采取的措施、手段和方法①。第二种观点强调廉洁的政府、廉洁的社会和廉洁的个人等的有机统一，持这种观点的学者，如黄义英、秦馨认为，廉政就是指廉洁的政治生活，是廉洁的政府和廉洁的社

① 李明辉. 论廉政的伦理内涵［J］. 伦理学研究，2005（5）：96-99.

会、廉洁的个人和廉洁的群体以及以廉洁为导向的观念、制度和行为方式的有机统一①。赵云国、张希贤认为，廉政应当包括“执政成本低廉”“执政官员廉洁”“执政生态清廉”②。

虽然对廉政定义的角度各有不同，但是我们不难看出其中部分要素是诸位学者普遍认为需要具备的：其一，廉政的目的是保证清正廉洁，其二，廉洁的政府在其中居于重要地位。笔者认为，廉政指的是政府通过一批公正廉明的人（主要指的是各级官员），采取各类施政措施来创建一个公正廉明的政治环境，同时建立廉洁高效、成本低廉的政治和法律制度。在该种界定中，廉政的主体是政府主导下的施政者，主要是各级官员，实现廉政所依靠的是施政措施。

“廉政文化”是在“廉政”的基础上产生的衍生词，也是一个当代社会提出来的全新概念，它的出现与反腐倡廉宣传教育工作的逐步深入密切相关。2004 年 9 月，中央纪委四次全会指出，要大力推进廉政文化建设，积极倡导以廉为荣、以贪为耻的社会风尚。2005 年在中央纪委五次全会上，胡锦涛同志强调，要把廉政文化建设作为建设社会主义先进文化的重要内容。关于如何定义廉政文化，学术界也进行了非常多的讨论。黄义英、秦馨认为，廉政文化就是人们廉洁从政的事实和趋势，是一切有助于人们作出廉洁从政选择的事物、制度（正式的和非正式的）和社会心理等的总和③。另一种观点则认为，廉政文化不仅要从廉洁从政入手，还要包含廉政建设中形成的理念等，如郝峰认为，廉政文化是关于廉洁从政和廉政建

① 黄义英、秦馨. 廉政、廉政文化和廉政文化建设的理论内涵［J］. 前沿，2010（9）：8-11.

② 赵云国、张希贤. “廉政”内涵三要素探析［J］. 理论前沿，2008（7）：20-21.

③ 黄义英、秦馨. 廉政、廉政文化和廉政文化建设的理论内涵［J］. 前沿，2010（9）：8-11.

设的文化，包括廉洁知识、信仰、规范及与之相应的生活方式、社会评价及行为习惯的总和①。笔者认为，廉政文化从廉洁从政的角度出发，具体指在廉洁从政的过程中及在廉政建设中形成的知识、制度、心理等的总和，不等同于廉洁文化，但应视作廉洁文化不可或缺的重要组成部分。

（二）廉洁教育

廉洁品质不是与生俱来的，需要长期的教化才能养成，开展廉洁教育非常有必要且意义重大。廉洁教育是为了培育廉洁品质而开展的特定教育活动，把握廉洁教育的内涵和特点有助于更好地开展廉洁教育。

1. *廉洁教育的内涵*

就廉洁教育内涵而言，目前学界有狭义和广义两种界定，狭义的廉洁教育指的是，和公共权力相关的不贪不腐的知识教育和观念教育②。这种界定与廉政教育的内涵更为接近。广义的廉洁教育则内涵更加丰富。廉洁不仅包括节俭、节约意识，还包括在精神层面追求清白正直、不贪不腐、遵纪守法等，同时还有更深层次的拓展，如正直的品格与“诚实”“平等”“正义”“自律”等密切相关，节俭与“勤奋”“劳动”等密切相关③。廉洁教育应涵盖以上内容。目前人们普遍认为，廉洁教育指的是以廉洁为主题的教化和培育活动，围绕廉洁的知识、理念、制度以及与之相对应的生活方式、行为规范等进行教育，从而形成个体稳定的关于廉洁的心理基础、思想观

---

① 郝峰. 试析廉政文化的内涵、结构与功能［J］. 南京政治学院学报，2014（5）：73-75.

② 张会峰. 廉洁教育的内涵及其在大学生思想政治教育中的向度与功能［J］. 学校党建与思想教育，2014（5）：93-95.

③ 余玉花. 论以社会主义荣辱观为核心的学校廉洁教育［J］. 江西师范大学学报（哲学社会科学版），2008（1）：13-16.

念、行为习惯以及文化氛围。

廉洁教育是为了使受教育者变得廉洁或者更加廉洁的教育活动。廉洁教育是教育者通过廉洁相关理论，对受教育者施加有目的、有组织、有意识的影响，对受教育者开展清廉、正直、不贪不腐、不损公肥私、不行贿受贿、不铺张浪费、诚实守信等方面的教育，以培养、提升受教育者的廉洁意识。

2. 廉洁教育的特点

廉洁教育具有其自身的特点，我们可以从教育时间长期性、教育对象广泛性、教育效果实效性、教育内容多元性和教育方法多样性等几个方面进行把握。

第一，教育时间长期性。廉洁教育作为一种认知教育、价值观教育，本身就具有周期长、见效慢的特点，不可能通过几次教育或者短期教育就达到立竿见影的效果，我们必须有长期坚持的信念，这样才能真正达到预期效果。

第二，教育对象广泛性。廉洁教育的对象十分广泛，面向社会公众，包括公务员、普通民众、青少年学生以及学龄前儿童等。对公务人员要侧重于廉洁自律、恪守宗旨、勤政为民的廉政教育；对社会各界人士要侧重于爱岗敬业、遵纪守法、勤俭朴实等方面的教育；对青少年学生要侧重于廉洁文化心理、道德观念、生活方式的养成等；对学龄前儿童要侧重于家庭氛围的影响、传统文化的熏陶。

第三，教育效果实效性。人们往往关注教育的开展过程，有时会忽略教育的效果。因此在开展廉洁教育时，我们需要更多地关注教育的实效性，可以通过对腐败认识度的测评、廉洁意识提升效果的调研等开展廉洁教育效果评估，从而有的放矢地及时改进教育内容和方法。

第四，教育内容多元性和教育方法多样性。廉洁教育的对象广泛，目的明确，更适宜人们从生活出发，寻找富含廉洁因子的教育内容。这样廉洁教育才能在潜移默化中走进人们的心灵，取得长久的效果。廉洁教育想要达到实效，教育方法应该体现多样性。除了常规的教育方法，如集中授课、举办讲座等外，我们更需要利用广播、电视甚至网络游戏、广告、视频直播等形式，多渠道、全方位开展廉洁教育。

3. 廉洁教育与廉政教育的区别

在中华传统文化中，廉洁教育与廉政教育往往没有明确的界限，实际上，廉洁教育和廉政教育是一对既密切联系又有所区别的概念。相同点在于，首先，二者的目标指向一致，无论廉洁教育还是廉政教育，最终的落脚点都是“廉”，都是通过各种形式的教育使教育对象达到“廉”的目标；其次，二者的方式一致，为了达到廉洁或者廉政的目的，都需要采取各种手段进行教育。在当代，有效借助传统教育手段和新媒体教育手段等开展全方位、多层次的教育，是廉政教育和廉洁教育的共同选择。

不同之处则主要体现在以下两个方面：第一，从教育对象上看，廉政教育主要指向公职人员，即掌握一定公共权力的人。廉洁教育的指向更为广泛，它包含社会上所有人群，各行各业的从业人员、学生群体以及学龄前儿童都是廉洁教育关注的对象。第二，从教育内容上看，廉政教育侧重于对公职人员进行拒贪拒腐的职业道德教育，具有更多行政伦理方面的要求，大多为公共权力道德教育。廉洁教育内容更为广泛，主要指向个体道德和价值观教育，如清廉、不损公肥私、勤俭节约、诚信等，当然也包括法律法规等方面的教育。

（三）大学生廉洁教育

大学生是一个特殊的群体，他们是青年群体中的佼佼者，一般拥有比较集中和优良的文化资源，对他们开展廉洁教育尤其重要。只有他们的廉洁意识得到了整体提升，才能表明大学生思想政治教育的功能得到了充分体现。

1. 大学生廉洁教育的内涵

大学生廉洁教育由于教育对象的特定性，与一般意义的廉洁教育相比具有较大的区别。2007 年教育部下发的《教育部关于在大中小学全面开展廉洁教育的意见》指出，大学生廉洁教育的目标和内容是以社会主义核心价值体系为引领与主导，加强法制和诚信教育，加强社会公德、职业道德和家庭美德教育，组织学习党和国家关于党风廉政建设和反腐败方面的方针政策、法律法规等，引导大学生树立报效祖国、服务人民的信念，不断提高大学生的道德自律意识，增强拒腐防变的良好心理素质，逐步形成廉洁自律、爱岗敬业的职业观念。对于此文件的解读，有学者提出在内容的把握上需要更加严谨，比如大部分学生并不存在腐败问题，因此不宜过多引用社会腐败现象来进行教育，否则因为学生猎奇心理等原因会起到相反的作用。学校廉洁教育应当着重于正面教育和引导。这种观点很有价值，需要引起我们的注意。

宋妍在《构建大学生廉洁教育体系的实践与思考》中认为，大学生廉洁教育是指高校和相关部门用腐败与反腐败的理论和实践，对大学生施加有目的、有计划、有组织的教育，培养大学生的廉洁意识和廉洁技能，增强拒腐防变的理念和能力，逐步形成廉洁自律、爱岗敬业的职业观念的社会实践活动①。笔者认为，大学生廉洁教育是指高校对大学生进行的一项有计划、有组织的教育实践活动，其目的在于培养大学生的廉洁意识和廉洁技能，逐步形成廉洁自律、

---

① 宋妍. 构建大学生廉洁教育体系的实践与思考［J］. 学校党建与思想教育，2014（11）：75-77.

爱岗敬业的职业观念等。

大学生廉洁教育的内涵有几点需要重点把握。第一，就教育对象而言，特指大学生这个群体。他们比中学生更具有独立思考能力并逐步形成了价值观，他们与社会有了更多的交集，即使是进入毕业前的实习阶段，他们仍然还不是社会人，没有正式进入成人社会。第二，就廉洁教育的内容而言，我们应将其与廉政教育和对社会一般成员的廉洁教育区分开。其内容应当涵盖个人道德和价值观方面，如勤俭节约、诚实守信、严谨平等、公正自律、不占小便宜、不搞小团伙等，同时应包括与国家反腐倡廉相关的法律法规教育以及为他们即将步入职场而准备的职业道德教育。第三，就教育时间而言，大学生拥有较多的在校时间，因此受教育的时间相对固定和集中。我们可以在大学生入学时，利用较为集中的授课时间开展教育，还可以利用大学生毕业前就业实习的这段时间更加有针对性地对他们进行廉洁教育。第四，就教育效果评估而言，我们可以跟踪他们就业后的履职情况，这样更具有评判价值，便于根据跟踪的结果有目的地调整大学生廉洁教育的内容、方法等。

大学生廉洁教育与大学生思想政治教育密切相关。随着经济社会的发展和教育事业的不断推进，高校思想政治教育工作取得了很大进展，但同时也需要不断完善。我国经济不断发展，拜金主义、享乐主义也随之滋生，反腐败斗争一刻也不能放松，大学生廉洁教育成为大学生思想政治教育体系的重要内容。在全国高校思想政治工作会议上，习近平总书记强调，做好高校思想政治工作，要因事而化、因时而进、因势而新①。在当前党中央全力推进全社会反腐

① 习近平. 习近平谈治国理政（第二卷）［M］. 北京：外文出版社，2017：378.

倡廉、积极营造清正廉洁社会环境的新形势下，廉洁教育融入高校思想政治教育是时代发展的必然要求。我们要积极利用思想政治教育课程中的廉洁因子，通过内容整合、载体创新等方法，实现廉洁教育和思想政治教育的同向同行同发力。

2. 新时代大学生廉洁教育的特点

新时代大学生廉洁教育具有其自身的特点，有别于廉政教育或者面向全社会成员的公民廉洁教育。

第一，与时代发展紧密相关。《建立健全教育、制度、监督并重的惩治和预防腐败体系实施纲要》提出，教育行政部门、学校和共青团组织要把廉洁教育作为青少年思想道德教育的重要内容。大学生廉洁教育进入快速发展时期，在理论研究、实践活动开展等方面都取得了不少成果，进入新时代，大学生廉洁教育也面临新的要求和挑战。这个时代具有与其他时代不一样的特征，是发展起来的中国面临一系列严峻而复杂的矛盾和挑战的特殊时期。

这个时期是中国从追随者到引领者的转变时期，具有引领世界、示范世界的国际性特征。因此，对这个时代的大学生进行廉洁教育，需要与这个时代的背景紧密联系，与这个时代的特点紧密结合。在这个时代，中国将承担越来越多的大国责任，身处其中而且将要成为社会发展主力军的大学生，也因此会肩负更多的责任，他们会参与更多世界性的交往合作。他们是否能够坚持廉洁从业，关系我国的国际形象和世界影响，这对新时代大学生廉洁教育提出了更高的要求。

第二，与大学生自身发展和需求密切相关。新时代大学生成长于全球化深入发展、改革开放不断深化的时期，时代赋予了他们鲜明的代际特征。他们思维开放，价值观更加包容，但同时也面临更多的诱惑和挑战，他们对世界的和平与发展有着更加深刻的认同，有更加强烈的发展意愿。这个时代的大学生对廉洁教育的需求从被动走向主动，廉洁教育倡导的理念恰好能满足他们厘清是非、寻求自我保护和实现自我发展的心理倾向、心理状态①。

此外，新时代的大学生与世界的联系更加紧密，他们更容易接受各国的优秀文化成果，也会受到多元文化、多元价值观等带来的影响，因而，他们有时会处于矛盾之中，此时，他们对建立自身完整价值观的诉求更加清晰。因此，新时代的大学生接受廉洁教育的内在需求比以往任何时候都强烈，他们会主动寻求自己需要的教育内容，变被动接受教育为主动寻求教育。

第三，与教育方法多元化密切相关。新时代大学生很多都是“网络土著”，他们习惯于在网络上自主搜寻自己所需求的信息。在这种情况下，大学生很容易接触大量未经筛选的信息，在一定情况下有可能被误导。因此，在对新时代大学生开展廉洁教育时，我们不能仅仅依靠传统的课堂教育，更需要多种渠道的教育手段，尤其要重视网络阵地。我们要充分利用新媒体手段开展廉洁教育，占领网络教育阵地，使大学生在遇到困惑的时候可以从相关的网络平台获得帮助。此外，我们还可以通过课外活动、社会实践等理论与实践相结合的途径，利用廉洁教育基地等，广泛开展廉洁教育，以期得到更好的廉洁教育实效。

二、新时代大学生廉洁教育的重要性和必要性

社会在不断进步和发展，国家经济实力显著增强，人民生活水

① 夏玉荣. 反腐新常态下大学生廉洁教育的特征转型及实践路径［J］. 学校党建与思想教育，2015（19）：81-83.

平逐渐提高，物质生活资料日益丰富，但与此同时，腐败之风随即抬头，甚至蔓延到大学校园。学生中出现了微腐败现象，如学生干部私下拉票、学生骗取资助、拖延归还助学贷款、科研弄虚作假等。出现这些问题的原因是大学生在思想上对廉洁认识有偏差，他们仅仅将不贪不腐视作廉洁，而没有全面认识廉洁的内涵。在这种情况下，如果我们不加以干预，大学生步入社会后更容易被各种因素影响，从而产生更为严重的后果，因此，加强大学生廉洁教育刻不容缓。

（一）新时代大学生廉洁教育的重要性

新时代大学生廉洁教育是社会主义核心价值体系的内在要求，是我国反腐倡廉工作的延伸，是高校思想政治教育工作的重要内容，对传承中华民族廉洁文化具有十分重要的理论和实践价值。

1. 社会主义核心价值体系的内在要求

社会主义核心价值体系在中国整体社会价值体系中居于核心地位，发挥着主导作用，决定着整个社会价值体系的演化方向。高校作为先进文化的传播主体，应坚持用社会主义核心价值体系引导新时代大学生。廉洁文化是社会主义先进文化的重要组成部分，对大学生开展廉洁教育是社会主义廉洁文化建设的重要内容。

新时代大学生廉洁教育是对大学生进行反腐倡廉教育的第一道关口，加强大学生廉洁教育能够为我国经济社会发展所要求的预防和惩治腐败体系的建成提供坚实的基础。对大学生进行廉洁教育，使其具有廉洁意识，能够在未来走上工作岗位后自觉抵制腐败，是我们建设社会主义廉政文化的重要目标，是构建社会主义和谐社会的重要基础，是构建社会主义核心价值体系的应有之义。

社会主义核心价值观是建立新时代大学生廉洁教育内容体系的重要基础。社会主义核心价值观中的民主、平等、公正、法治、爱国、敬业、诚信等本身就是大学生廉洁教育的重要内容。大学生是祖国的未来和希望，是社会主义现代化建设的主力军，大学生廉洁教育是实现全社会廉洁教育的重要组成部分。大学时期是大学生形成正确的人生观、世界观、价值观的关键时期，我们应抓住这个时期对他们进行廉洁教育，使他们树立崇高的理想信念，从而在将来进入社会后成为廉洁正直的人，走上领导干部岗位后具有拒腐防变的能力。这也有利于逐步形成更加廉洁清明的社会环境。

2. 我国反腐倡廉工作的延伸

当前，我国社会主义市场经济日益发展，社会财富不断增加，发展和开放并行，价值观念也更加多元化。伴之而来的各类社会矛盾在社会转型期日益凸显，反腐倡廉已经成为关系党和国家长治久安的大事。

传统的廉洁教育对象主要是党政领导干部，更多体现的是廉政教育，忽视了大学生这支党政干部队伍后备军。新时代的大学生是社会主义现代化建设的高素质人才，被赋予了新的社会角色和社会责任，他们是国家的未来和希望。新时代大学生廉洁教育是全面依法治国和全面从严治党，加强反腐倡廉建设的必然要求。

随着社会的进步和发展，反腐败的主体和范围也将不断扩大，我国反腐败体系的构建也需要不断深化与发展。大学生廉洁教育是反腐败体系建设中的重要一环。从源头抓起，对大学生进行廉洁教育，将大学生廉洁教育融入我国的反腐败体系，对整个反腐败工作，尤其是预防腐败十分重要。

大学生廉洁教育是反腐败的基础性工作，新时代大学生廉洁教育关系到培养社会主义事业建设者和接班人，关系到始终保持先进文化的前进方向，因此，加强大学生廉洁教育势在必行。

加强大学生的廉洁教育，使他们具有抵抗腐败的免疫力，能够促进全社会的反腐败斗争，能够引领社会风气朝着更好的方向发展，是结合党风廉政建设，对反腐败斗争开展源头式治理的切入点。

3. 传承中华民族廉洁文化

文化是一种理性现象，每一个社会都有与之相适应的文化，并随着社会物质生产的发展而发展。辩证唯物主义认为，文化是人类在认识和改造客观世界与主观世界的过程中形成的知识总和。文化属于社会意识范畴，有先进的文化和落后的文化之分，前者可以推动社会的进步和发展，而后者对社会的发展有制约作用。

廉洁文化具有以文化人的作用，具有感染力、凝聚力、震撼力，能够推动社会整体廉洁环境的形成。中华民族是一个历史悠久的民族，具有丰富的文化遗产，其中有许多被广为传颂的廉洁文化内容。历代思想家、政治家、文学家对于加强自身廉洁修养，树立诚实守信品格的经典表述，都是中华民族廉洁文化的重要组成部分。在中国历史上，有一大批清官和具有高尚情操的文人，他们创作了非常多的包含廉洁思想的诗词歌赋、杂文小说、典故格言，为传播廉洁文化、开展廉洁教育提供了载体。

开展新时代大学生廉洁教育，中华民族传统文化中的廉洁文化是重要依据和内容来源。一方面，传统文化中的廉洁文化经过千年传承已融入中华儿女血脉，易于被认识和接受；另一方面，中华民族传统文化中关于廉洁文化的内容是重要的文化遗产，需要得以继承、延续和发展。依据中华民族传统文化中的相关内容对大学生进行廉洁教育，能够使大学生了解我国灿烂的历史文化，产生民族自豪感和自信心。

（二）新时代大学生廉洁教育的必要性

近年来，年轻干部腐败案件并不鲜见，他们从“象牙塔”进入社会后不久，就陷入贪腐的泥潭，沉痛的教训足以引发人们思考。加强新时代大学生廉洁教育，帮助他们树立正确的廉洁观念，是关系到他们自身健康发展的重要举措。

1. 关系到大学生正确“三观”的塑造

所谓“三观”指的是世界观、人生观和价值观，其中世界观主要指的是人们对整个世界的总的看法和根本观点；人生观是人们在实践中形成的对人生目的和意义的根本看法；价值观是人们对社会实践活动和万事万物进行价值判断与评价时所持有的观点，它反映了人们对某种事物有无价值和价值大小的认识与态度。高校大学生所处的阶段，正是他们世界观、人生观和价值观形成的重要时期，这个时期“三观”的塑造，对他们未来的影响巨大。

新时代大学生的生活环境与以往不同，更为开放和包容，也有更多诱惑和陷阱，需要对他们进行更多的指引和教育。目前，我国仍处于经济转型的特殊时期，党内领导干部贪污受贿事件和行业不正之风时有发生，加上一些庸俗人生哲学和拜金思想的影响，大学生有可能会一时难辨是非，导致他们急功近利，投机取巧，影响他们正确“三观”的形成。与此同时，在大学生接受教育的过程中，思想政治教育并没有被置于与专业知识教育同等重要的位置，往往被弱化，甚至流于形式。新时代大学生所处环境复杂，有些大学生互相攀比、只思索取不想付出，学生干部微腐败等，严重影响了大学生健康成长，对他们的世界观、人生观、价值观的养成产生了误导。

我们应加强新时代大学生廉洁教育，扭转他们官本位、享乐主义、拜金主义等错误思想，帮助他们形成廉洁自律、诚实守信等良好品质。“三观”是思想政治教育的重要内容，将廉洁教育融入思想政治教育，在大学生的世界观、人生观和价值观中厚植廉洁观念，提高大学生的道德自律和拒腐防变意识，有助于他们成长为社会主义事业的合格建设者和可靠接班人。

2. 关系到大学生未来的良性发展

大学生终将走入社会，成为社会人和职业人。大学生廉洁教育是对他们进行预防腐败的职前教育，有助于大学生走入社会、参加工作以后自觉抵制腐败行为。

2007 年，教育部颁布《教育部关于在大中小学全面开展廉洁教育的意见》，意味着我国各级各类学校廉洁教育的全面铺开。该文件讲到大学生廉洁教育的目标是逐步形成廉洁自律、爱岗敬业的职业观念。职业道德是人们在职业生涯中必须遵循的基本道德，职业道德主要包括爱岗敬业、诚实守信、公正廉洁、热情服务、无私奉献等。大学生的道德状况直接影响他们走上工作岗位后的职业道德状况。我们在对大学生进行思想政治教育和毕业前就业指导这两个环节中应着重加强廉洁教育，使大学生认识到廉洁自律的具体要求及相关法律规定，初步形成良好的生活态度和职业观念。

大学生走上工作岗位成为社会人之后，面对的环境更加多元和复杂，难以避免会受到社会上多元价值观的影响。如果此时他们具有坚定的廉洁观，能够自觉抵制腐败，形成良好的道德品质和职业操守，那么他们在工作岗位上就会形成正确的得失观，不会因一时的诱惑而滑向腐败的深渊。

3. 关系到高校落实立德树人的根本任务

高校是培养人才的地方，立德树人是高校的根本任务。人才是国家持续发展的宝贵资源，人才不仅要有较高的专业知识水平，更要有良好的道德素质，要有远大的理想、坚定的信念和正派的作风。习近平总书记指出，对马克思主义、共产主义的信仰，对社会主义的信念，是共产党人精神上的“钙”。没有理想信念，理想信念不坚定，精神上就会得“软骨病”，就会在风雨面前东摇西摆[①]。加强新时代大学生廉洁教育是高校实现立德树人根本任务的必然举措。

大学生会走向社会，走向下一个人生阶段，大学阶段是他们人生观、世界观和价值观形成的重要时期。大学生将来走进社会，他们的思想道德素质不仅关系到他们自身的工作成效，同时还会影响身边的一大批人，甚至影响整个社会的风气和国家的发展。

习近平总书记曾经语重心长地对新时代青年提出，有信念、有梦想、有奋斗、有奉献的人生，才是有意义的人生。这对高校培养新时代大学生提出了明确的要求。高校是大学生成长成才的摇篮，肩负着为祖国和社会培养栋梁的重要责任。高校不仅要向学生提供专业教育，更要注重对他们进行理想信念和品德教育。

笔者在调研中发现，对于腐败问题，大一学生往往表现出惊讶和厌恶，大二学生会在一定程度上表现为不以为怪，大三学生则逐渐变得麻木，大四学生即将走向社会，则又会对直接面对腐败现象感到惶恐不安，不知如何应对。在参与调研的学生中，高达95%的学生认为，在大学阶段，他们不仅需要专业知识技能的提升，还需要优良品格的塑造，希望学校能够通过第一课堂或第二课堂多开设与廉洁教育相关的课程，引导他们形成正确的人生信仰和价值取向。

高校要始终将立德树人作为教育的根本任务，努力将大学生培养成为有自信、守道德、讲奉献、重实干、求进取的时代新人。在当前多元价值观和各类社会矛盾的冲击下，高校应培养学生树立坚

---

① 习近平．在纪念陈云同志诞辰110周年座谈会上的讲话［M］．北京：人民出版社，2015：6.

定的理想信念，加强廉洁自律教育，帮助大学生在完成学业进入更加纷繁复杂的社会时，能够守牢底线，真正成长为又红又专、德才兼备、全面发展，可以担当民族复兴大任的时代新人。

三、新时代大学生廉洁教育的理论依据

新时代大学生廉洁教育需要理论指导，经典著作中的廉洁教育理论、中华优秀传统文化中的廉洁教育思想和中国共产党领导人的有关论述，是新时代大学生廉洁教育的理论基础。学习这些理论，有利于我们明确大学生廉洁教育的目标、原则、内容，从而能够有的放矢地开展大学生廉洁教育。

（一）经典著作中的廉洁教育理论

经典著作中有很多关于廉洁的思想，它们是我们在新时代开展廉洁教育的理论源泉，我们需要认真学习、深刻领会，以期能够更好地指导我们的实践。

1. 关于党的建设理论

党的建设理论是马克思主义理论的重要组成部分，是指导无产阶级政党自身建设的重要武器。党的建设理论在无产阶级革命的斗争实践中产生，也在实践中不断地丰富和发展，其中也蕴含了很多关于廉洁的理念，具有十分重要的价值。

马克思、恩格斯在《共产党宣言》中指出，共产党人不是同其他工人政党相对立的特殊政党。他们没有任何同整个无产阶级的利益不同的利益。在无产阶级和资产阶级的斗争所经历的各个发展阶段上，共产党人始终代表整个运动的利益①。这表明，无产阶级政

① 中共中央马克思恩格斯列宁斯大林著作编译局. 马克思恩格斯选集（第一卷）[M]. 北京：人民出版社，1995：285.

党不是一般的工人群众组织，而是由无产阶级的先进觉悟分子组成的真正的、战斗的组织。无产阶级政党的性质本身就决定了他们的先进性，也同时决定了他们必然是代表广大人民的利益的，是不具有特权的。

民主集中制是无产阶级政党的党内生活的基本准则，正如马克思、恩格斯所强调的，在党内开展批评和自我批评很有必要，批评是群众监督党的干部的有效方式。民主既提高了党员对党的事业的责任心，同时也有利于消除党内矛盾，增强党的团结，及时找出问题，及时解决。马克思和恩格斯又强调要重视党的纪律，他们所要求的民主和集中的统一，是既反对任何领导人的专制独裁倾向，又反对分散主义和绝对自治倾向，反对教条主义、个人崇拜，勇于开展批评和自我批评。

他们同时主张，要敢于同违背党的原则和纪律的腐朽分子进行斗争。正如他们指出的，当各种腐朽分子和好虚荣的分子可以毫无阻碍地大出风头的时候，就该抛弃掩饰和调和的政策，只要有必要，即使发生争论和吵闹也不怕。一个政党宁愿容忍任何一个蠢货在党内肆意地作威作福，而不敢公开拒绝承认他，这样的党是没有前途的①。遵循这样的基本原则的政党本身就是革命的、先进的，与资产阶级政党是完全不同的。

2. 关于权力监督的理论

在马克思主义看来，资产阶级的权力制约理论仅仅是停留在权力运行的表面上的，不触及本质。无论是三权分立还是多个政党轮流执政，都不能改变生产资料由资本家所占有、公共权力由资本家

① 中共中央马克思恩格斯列宁斯大林著作编译局. 马克思恩格斯全集(第三十四卷)[M]. 北京：人民出版社，1972：90.

所把持的本质。因此，马克思、恩格斯在阐述无产阶级政权的原则时，始终强调监督罢免权在无产阶级掌握自己政权中的重要性。同时，他们的国家理论也蕴含了对国家权力进行控制或者监督的思想，这种思想也正是减少腐败、确保廉洁的保障。

在《法兰西内战》中，马克思深刻地剖析了国家的本质，高度评价了巴黎公社革命。他指出，高高凌驾于社会之上的资产阶级国家政权，实际上正是资本主义社会的莫大耻辱，是一切龌龊事物的温床，是产生政治腐败的最大根源。这样的国家，不可能不成为特权官僚“统治和掠夺”大多数人的、进行贪污腐败的工具。因此，马克思、恩格斯提出无产阶级应联合起来，通过革命的手段，改变资本主义国家的性质。同时，他们还指出，无产阶级以及政党掌握政权以后，必须遵循为绝大多数人谋利益的根本宗旨，必须同传统的生产资料私有制和私有观念实行最彻底的决裂，也必须防止国家机关为了追求自己特殊的利益，从社会的公仆变成了社会的主宰①。因此，他们强调工人阶级要掌握国家工作人员的选举、监督、罢免等权利。

列宁在反对官僚主义、反腐败上也旗帜鲜明，明确提出要健全党的监察组织和加强党的监督工作。他强调，为了人民的利益，国家机关必须清除一切官僚主义②，布尔什维克必须同人民群众保持密切的联系，坚决清洗党内那些一心想从执政党党员的地位“捞到”好处而不愿肩负为共产主义忘我工作的重担的人③。列宁始终认为，只要有贪污受贿这种现象，只要有贪污受贿的可能，就谈不上政治。

① 中共中央马克思恩格斯列宁斯大林著作编译局．马克思恩格斯全集（第二十二卷）[M]．北京：人民出版社，1965：227.

② 中共中央马克思恩格斯列宁斯大林著作编译局．列宁全集（第三十三卷）[M]．北京：人民出版社，2017：114.

③ 中共中央马克思恩格斯列宁斯大林著作编译局．列宁选集（第四卷）[M]．北京：人民出版社，1995：51.

在这种情况下甚至连搞政治的门径都没有，在这种情况下就无法搞政治，因为一切措施都会落空，不会产生任何结果①。因此，他对受贿行为非常反感，要求对违法乱纪的人和现象都要追究到底，同时反复强调健全党的监察组织和加强党的监督工作的必要性，并提出，人民群众对国家及其工作人员的监督是人民当家作主管理国家的重要形式，是社会主义民主的本质所在；监督最重要、最有效的手段是人民掌握罢免权等。可以说，列宁在晚年最为关注的问题之一就是保持无产阶级政权不变质，其中的很多思想在当代仍然具有十分重要的现实意义。

3. 关于无产阶级政党纯洁性的理论

一个政党是否廉洁，是否能够始终以人民的利益为重，是否能始终确保自身的纯洁性，很大程度上取决于它是否有严格的纪律和是否能够始终不渝地坚守纪律，保持高度的思想自觉。马克思、恩格斯就非常重视无产阶级政党的纪律。

1859 年 5 月，马克思在给恩格斯的一封信中就明确表示，我们现在必须绝对保持党的纪律，否则将一事无成②。1872 年 1 月，在反对巴枯宁主义的斗争中，恩格斯也深刻指出了党的纪律对一个政党和革命的重要性，没有任何党的纪律，没有任何力量在一点的集中，没有任何斗争的武器！那末未来社会的原型会变成什么呢……会得到一个早期基督教徒那样的畏缩胆怯的而又阿谀奉承的组织……而这种革命方法无产阶级是无论如何不会仿效的！③ 由此可

① 中共中央马克思恩格斯列宁斯大林著作编译局. 列宁全集（第四十二卷）[M]. 北京：人民出版社，1987：200.

② 中共中央马克思恩格斯列宁斯大林著作编译局. 马克思恩格斯全集（第二十九卷）[M]. 北京：人民出版社，1972：413.

③ 中共中央马克思恩格斯列宁斯大林著作编译局. 马克思恩格斯全集（第十七卷）[M]. 北京：人民出版社，1963：519.

见，马克思、恩格斯很早就认识到无产阶级政党想要成为一个与旧政党，与资产阶级政党完全不同的政党，需要严格的政治纪律来保证，如果没有纪律作为后盾，那么迟早也会走上“畏缩胆怯”“阿谀奉承”的道路。

1886年，恩格斯在《致劳·拉法格》的信中表示，胜利的首要条件是严格遵守法律，而一切革命的高调和喧嚷都不可避免地会导致失败。这种纪律是一个有成效的和坚强的组织的首要条件，是资产阶级最害怕的纪律[①]。纪律是一个政党具有凝聚力和组织力的最重要的保障，如果没有纪律，就会如同一盘散沙，各种阿谀奉承、腐败堕落、借由手中的权力攫取不当利益的事情也会不断产生，难以实现政党最初的宗旨，最终也将导致党组织的涣散。马克思、恩格斯敏锐地发现了这一点，并且十分注重在实践中发挥纪律的约束作用，从而保障无产阶级政党的纯洁性。

列宁在俄共党的建设中也十分重视党的作风建设，确保党的纯洁性。在十月革命胜利之后，一些党员被胜利冲昏了头脑，盲目骄傲自大，看不到新问题，也不谋求新的解决办法，习惯于用强制手段、行政手段对待群众。一些党员忘记了自己人民公仆的身份，开始把人民赋予的权力作为自己谋取私人利益的手段。列宁清醒地发现了这些问题，并向全党发出了严重的警告。他指出，对于领导一个大国向社会主义过渡的工人阶级先锋队来说，最大最严重的危险之一，就是脱离群众[②]。他还强调，在人民群众中，我们毕竟是沧

① 中共中央马克思恩格斯列宁斯大林著作编译局. 马克思恩格斯全集（第三十六卷）[M]. 北京：人民出版社，1975：540.

② 中共中央马克思恩格斯列宁斯大林著作编译局. 列宁全集（第三十三卷）[M]. 北京：人民出版社，1957：162.

海一粟，只有我们正确地表达人民的想法，我们才能管理。否则共产党就不能率领无产阶级，而无产阶级就不能率领群众，整个机器就要散架①。

为了搞好执政党的作风建设，维护政党的纯洁性，确保党同群众的密切关系，列宁剖析了党内官僚主义、腐败现象产生的原因，并采取了一些措施，如建立让群众参与管理和监督的工作制度，精简国家机构，扩大党内民主等。只有不忘党的宗旨，加强党的作风建设，严守党的纪律，才能维护和确保政党的生存与发展。

4. 关于人的全面发展的理论

马克思关于人的全面发展理论的核心要义可以分为三个层面来理解：第一个层面指的是人的劳动能力的发展，包括个人的体力、智力、个性和交往能力的发展等；第二个层面指的是人的社会关系的丰富，社会关系的全面性使人的发展也具有全面性；第三个层面指的是人的个性的全面发展。马克思关于人的全面发展理论，是实施大学生廉洁教育的理论基础。

人的全面发展指的是人的体力和智力得到充分、自由、和谐的发展，它不是随随便便就能够实现的。大学生想要实现全面的发展，需要接受包括德育、智育、体育、美育等多个方面的全面教育。大学生廉洁教育是德育的重要组成部分，大学生廉洁教育的开展依赖于马克思关于人的全面发展理论，实现了人的全面发展，也即成功地实现了大学生的廉洁教育。这对于培养共产主义新人、社会主义事业的合格建设者和可靠接班人来说，具有重要的理论和实践指导价值。

---

① 中共中央马克思恩格斯列宁斯大林著作编译局．列宁全集（第四十三卷）[M]．北京：人民出版社，2017：113.

人是在社会关系中生存和发展的，社会关系实际上决定着一个人能够发展到什么程度①。生产力的发展和世界性的交往使社会关系日益复杂，社会关系的全面性也促使人的发展具有全面性。大学生的廉洁观形成于一定的社会关系中，受到社会实践活动的影响。对大学生开展有效的廉洁教育，需要考察各种社会关系对大学生的廉洁意识的影响程度。通过对社会关系的深层次剖析，我们可以了解大学生廉洁认知情况，以及在对其进行廉洁教育的过程中存在的问题，从而进一步找出对策。

从大学生廉洁教育的具体实施来看，我们应尊重大学生的个体差异，根据不同情况因材施教，以期能够实现大学生廉洁意识的整体提升，达到廉洁教育的目的。

（二）中华优秀传统文化中的廉洁教育思想

在中华优秀传统文化中，“廉”往往是一个伦理范畴的概念，强调的是个人道德标准，而这个道德标准，通常是与政治紧密联系在一起的。因此，在古代，清廉被认为是官员立身为政的道德基础和稳定政权的政治基础，中华优秀传统文化中的廉政思想，包括很多廉洁教育的内容。

1. 中国古代的廉政思想

中国古代的廉政思想萌芽可以追溯到远古时代，虽然没有实际证据，但是人们歌颂“三皇五帝”，将他们塑造成贤明、智慧、勤奋、廉洁的化身，直观地反映出古代人民对领袖的美好期待和对廉洁政治的明确诉求。在西周时期，诵唱诗歌十分盛行，诗歌也就成

① 中共中央马克思恩格斯列宁斯大林著作编译局. 马克思恩格斯全集（第三卷）[M]. 北京：人民出版社，1960：295.

为一种非常重要的传播方式。《诗经》就是西周到春秋时期最为广泛流传的诵唱诗歌，《诗经》分为“风”“雅”“颂”三个篇章，主要反映当时的风土人情和社会生活，其中既有对清明政治的歌颂，也有对贪官污吏和腐败黑暗政治的无情批判，这正是老百姓廉洁观念的集中体现。

随着历史的发展，到西周时期，我国奴隶制社会进入成熟期，廉政思想也逐渐形成，具有代表性的人物是周公。周公是我国历史上著名的政治家、思想家。他所创立的“礼”“乐”和德治思想，对后世儒家影响极大。周公的廉政思想主要体现在他的德治思想中，强调天子需要有德，要“以德配天”，要明德，这其实是要求统治者加强自我克制，也是他廉政思想的源头和核心内容。在具体的施政上，其思想体现为“敬天保民”“力戒荒宁，勤于政事”“慎用刑罚”“任用贤德”“惩罚贪官污吏”[①]。

春秋战国时期是我国思想发展史上百花齐放、百家争鸣的一个重要时期，出现了众多的政治家、思想家，他们的思想对后世影响深远，也奠定了中国封建社会的文化基础。这个时期的廉政思想体现在不同学派的政治思想中。

儒家的廉政思想主要体现在孔子、孟子和荀子的思想中。孔子是儒家学派的创始人，他的言论和思想主要见于《论语》一书。以身作则、廉洁奉公是其廉政思想的重要内容，如子路向孔子问政，孔子答曰“先之劳之”，说的就是为官者要以身作则，起带头作用。再如孔子曾说“邦有道，贫且贱焉，耻也；邦无道，富且贵焉，耻也”，意思是说如果国家政治昌明，而自己却很贫贱，这是一种耻

---

① 尹贵斌. 中国古代廉政思想史简编［M］. 北京：中国方正出版社，2018：33-38.

辱；如果国家政治黑暗，国困民乏，而自己趁国家之危，富贵起来，更是一种耻辱。同时孔子还提出要保持艰苦朴素的作风，“衣敝缊袍，与衣狐貉者立，而不耻者，其由也与”，就是告诉人们内心只要充实，道德情操高尚，就完全不必要有任何的惭愧，这与我们当代所倡导的勤俭节约、反对奢靡、崇尚清廉的观点是一致的。

孟子最具有代表性的廉政思想是“民贵君轻”和“尊贤使能”，他提出“桀纣之失天下也，失其民也；失其民者，失其心也。得天下有道：得其民，斯得天下矣。得其民有道：得其心，斯得民矣”，说的就是要得民心，才能得天下，民心就是政治所在。同时他提出观察和鉴别贤才的具体标准：孝悌、好善、爱物、尚友、观眸，这些鉴才的标准，也是为官者的要求，现在仍然可行。荀子的廉政思想中最具有当代价值的当属公开，他主张领导者在施政中要坚持“宣明”的原则，要公开、诚实。“上宣明则下治辨矣，上端诚则下愿悫矣，上公正则下易直矣”，说的就是君主端正诚实，那么臣民就会忠厚老实，君主公正无私，臣民就会坦荡正直。荀子这种“宣明”的思想，是其廉政思想中最为光彩的部分，与我们现在反腐倡廉、公开公正、诚实守信的原则同属一脉。

道家的廉政思想主要体现在老子和庄子的思想中。庄子对“廉”有自己的认知，“人犯其难，我享其利，非廉也”，说的就是为了自己的享受，为了自己拥有利益而让他人吃苦，是违背“廉”的要求的。庄子对当时腐朽的社会深恶痛绝，他继承和发展了老子的思想，想创造出一个理想世界——“无何有之乡”，在那里，没有政治的阴暗，没有利益的争夺，人民自得其所，自得其乐，这是他理想中的廉洁社会。这样的想法虽然不切合实际，但是也体现出了庄子寻求清平世界的愿景。

墨家的廉政思想主要体现在墨子的思想中，墨子的廉政思想的核心是“兼爱”，他提出“视人之国，若视其国；视人之家，若视其家；视人之身，若视其身”。他主张贤人政治，尤其在选人、用人上，要注重公平公正、反对任人唯亲，明确提出“不党父兄，不偏贵富，不嬖颜色。贤者举而上之，富而贵之，以为官长，不肖者抑而废之，贫而贱之，以为徒役”，这种提倡任人唯贤的观念不仅在古代十分难得，在当代也极具价值。同时，墨子提倡节俭，反对铺张浪费、肆意挥霍，他曾多次论述节俭对国家安定的巨大作用，并对在衣、食、住、行、丧葬等方面如何节俭阐述了自己的观点。

法家是先秦诸子中最为重视法律作用的一派，他们提出了“以法治国”的主张，并据此提出了一套法治理论。正因为重视法律，法家在反对贪污、倡导廉洁上提出了非常多的有价值的理论，在李悝所著《法经》、商鞅所著《商君书》中，都有很多关于廉政思想的论述。概而言之，法家关于廉政的思想主要体现在这样几个方面：第一，法家提出“法任而国治矣”，也即“以法治国”的思想。他们认为，法治是实现廉政的根本途径，治理国家的时候要依靠法律，用重刑惩罚犯罪者，用法律约束人民的行为，这样就能达到使人们正直、廉洁的目的。

第二，法家提出要对官员加强监督管理，防止腐败，这也是法家廉政思想的中心内容。对官员的监督和管理，法家提出了三点主张。其一，“明主使法择人，不自举也；使法量功，不自度也”，说的是贤明的君主会依据法律的规定而不是个人的好恶来选拔和评定臣下；其二，“一人不兼官，一官不兼事”，说的是一个人不能兼任两个职位，不能统管多个领域，这是要求建立职责分明的任职体系，防止官员独断专行等；其三，“刑过不避大臣，赏善不遗匹夫”，说的是不论身份如何，都要赏罚分明。

第三，法家提出的立公、先公、公正等原则既是守法的体现，也是道德的内涵，更是廉政的前提和内在要求。正如韩非子所述，所谓廉者，必生死之命也，轻恬资财也。所谓直者，义必公正，公心不偏党也。总而言之，法家所提出的学说重视法治精神，讲究以法治国，这些思想即使在当代也极具价值，尤其是对官员进行监督和管理的理念，值得我们研究和借鉴。

除了对廉政思想的论述外，对于如何实现廉政，古代的政治家和思想家们也作出了很多论述，最具代表性的有唐朝魏征的廉政思想和宋朝朱熹的廉政思想。唐朝是中国古代立法的成熟期，在这个时期，反贪立法有了新的进展。唐朝的廉政立法，可以分为两部分：一是对不廉洁行为的惩治，内容包括对贿赂、搜刮百姓、非法役使民力、非法占有田地等行为的惩治；二是预防性的立法，如禁止官员收受礼物，不能利用职权从事商业活动，下级官员如果犯赃，上级同坐等。

朱熹，字元晦，宋朝著名思想家、教育家。他的廉政教育思想主要体现在廉洁自律的自我规范和加强道德教育上。朱熹认为廉政的关键是加强自律意识，法律的约束和惩治是外部手段，还要通过教育手段提升官员的个人道德素养，形成约束力，从而增强其对腐败的抗御能力；同时还要对全社会进行教化，净化社会风气，通过兴办学校、宣明教化等方式加强全社会的廉洁意识。他的这种以教育为主的方法，对加强廉政教育、强化自律观念起到了十分重要的作用。

2. 文人对道德情操的论述

中国古代文人崇尚品行高洁，耻于贪腐，他们视廉洁为高尚情操而大加赞赏和尊崇，也留下了一些诗文。时至今日，这些诗文仍然有现实意义和启示价值。

杜甫是我国著名诗人，他的很多诗歌都反映了当时的社会风貌，抒发了自己忧国忧民的情怀，也表达了诗人对廉洁政治的思考和渴望，如《茅屋为秋风所破歌》抒发了对自己生活处境的感慨和对劳动人民的同情，体现了对腐败现实的不满和抨击。白居易的《卖炭翁》通过对卖炭老人的描写，揭露了当时腐败的社会现实，也表达了自己对清明政治的渴望。

于谦是我国古代著名诗人，他的《石灰吟》托物言志，通过赞美石灰的坚强不屈表达了自己洁身自好，在人生道路上清清白白做人的思想感情。他在《入京诗》中的诗句“绢帕蘑菇与线香，本资民用反为殃；清风两袖朝天去，免得闾阎话短长”明确提出了两袖清风的廉洁观。

明代的小说家冯梦龙、凌濛初在“三言二拍”中以大量的传说和故事，揭露了官吏的贪腐和官场的黑暗。他们将贪官污吏视为社会风气败坏的源头和典型，表达了作者对清正廉洁社会的期待和对贪腐现实的极大不满。

3. 传统家风文化中的相关论述

在中国的传统文化中，家风文化是重要组成部分，很多廉洁教育的思想在家风文化中有明显的体现。这些优秀的家风文化，对我们研究廉洁教育具有十分重要的理论价值和借鉴意义。

诸葛亮是我国著名的政治家、军事家，同时他很重视对子女的教育。他提倡节俭，重视家庭廉洁和道德教育。他在《诫子书》中认为，“夫君子之行，静以修身，俭以养德。非淡泊无以明志，非宁静无以致远”“淫慢则不能励精，险躁则不能治性”，意思是要修身养性，不要骄奢淫逸，不要轻浮妄动。他还在《又诫子书》和《诫外甥书》中谈到了如何正确对待宴会饮酒诸事和要坚定志向，不要碌碌无为。

南朝的徐勉是著名的政治家、文学家，他也谆谆教育自己的孩子要清正廉洁，他在《诫子书》中明确地告诫儿子要“以清白遗子孙”，教育儿子要继承清正廉洁的家风，这样的教子名篇也被后世传诵。

司马光是宋代著名的政治家和文学家，他非常重视家庭廉洁教育，他认为“以廉以俭”是治家之道，比物质丰足更加重要。他告诫为人父母应当教育子女学习古代圣贤“圣人遗子孙以德以礼，贤人遗子孙以廉以俭”。北宋大臣王旦教子有方，他非常重视对子女的廉洁教育，要求子女们自食其力，做正直的人。他不曾买房置地，要求孩子们自立，不能成为争夺财产的不义之人。

正是因为有这样的家风，他们的后代才能生活简朴，一心向学，不贪图安逸，做官也能勤俭爱民，远离腐败。

（三）中国共产党领导人的有关论述

中国共产党的历代领导人对廉洁教育都非常重视，从建党之初到进入新时代，一代又一代党的领导人对加强廉洁教育进行了有益的探索，取得了丰硕的理论和实践成果。

1. 毛泽东的有关论述

毛泽东同志在加强党的廉洁教育上进行了非常多的思考和实践，这些成果主要集中在加强纪律教育、重视思想政治教育工作、积极发挥群众监督作用几个方面。

加强纪律教育是由无产阶级自身的地位和特点所决定的，也是由其具有的其他政党所没有的组织性和先进性所决定的。只有铁的纪律才能最大限度地保存和增强战斗力，从而使无产阶级政党能够始终代表最广大人民的利益并确保自身的纯洁性。毛泽东同志曾经说过，党这个军队与人民的其他军队比较有很多特点……比较别的组织更有组织性，更加严密，更加统一……没有统一纪律，没有民主集中制，没有民主或者没有集中都不行①。正是因为我们党具有铁一般的纪律，才确保了我们党在组织建设上的纯洁性和党员领导干部的纯洁性。毛泽东同志在中共六届六中全会的政治报告中专门强调党的纪律问题，要求在全党尤其是新党员中进行必要的纪律教育。这样的教育，既能够使一般党员自觉遵守纪律，同时也使一般党员能够监督党的领袖人物也遵守纪律。根据毛泽东同志的建议，中共六届六中全会通过了《关于各级党部工作规则与纪律的决定》，这个决定明确了我们党内个人服从组织，少数服从多数，党的一切工作由中央集中领导等纪律规定，也确保了我们党后续的蓬勃发展。

对腐败产生的原因，党和国家领导人主要从主观原因和客观原因两个方面进行分析，从主观原因上看主要是党员自身的思想政治素质不够高，从客观原因上看主要是由于资产阶级腐朽思想的侵蚀。毛泽东同志重视对党员干部和国家公职人员开展有关马克思主义基本理论、为人民服务的宗旨、艰苦朴素优良传统和党的路线方针政策等方面的教育。毛泽东同志指出，如果思想道德防线崩溃，就难免产生腐败行为，要保证党的正确领导和廉洁，防止党员干部蜕化变质，思想教育和主观自觉是最重要的。我们党通过整党整风的形式从思想政治教育入手开展党风廉政建设，运用无产阶级理想信念

---

① 中共中央文献研究室．毛泽东文集（第三卷）［M］．北京：人民出版社，1996：336-337.

和思想道德教育引导党员与党内各种非无产阶级的思想进行斗争，用无产阶级思想去克服、消减、战胜非无产阶级的思想，从而逐步减少党内骄傲自满、贪图享受、脱离群众、违法违纪等现象，并逐步增强党员干部的拒腐防变的能力。

毛泽东同志还提出了民主反腐防变的思想，他认为民主是反腐败斗争和党风廉政建设取得胜利、实现廉洁政治的基本前提和重要保障。毛泽东同志从马克思主义的群众观点出发，指出人民才是创造历史的动力，权力只有取之于民、用之于民才能发挥最大的作用。为了进一步加强人民对权力的制约和监督，中国共产党始终坚持走人民群众路线，将政府工作置于人民群众的监督之下，要求党政领导干部廉洁自律，接受四个方面的监督，即党内监督、群众监督、民主党派监督和新闻监督。

2. 邓小平的有关论述

邓小平同志关于廉洁教育的思想是在第一代领导集体廉洁思想的基础上进一步丰富和发展起来的，主要体现在以下几个方面：第一，加强思想政治教育。邓小平同志十分重视思想政治教育在廉政建设中的重要作用，他多次强调要积极发挥党的思想政治工作优势来开展廉洁教育。这个时期的党的领导集体非常重视资本主义腐朽思想和封建主义腐朽思想的影响。他们认为封建主义思想与资本主义思想交织在一起，成为我们党产生腐败的思想根源。那些高高在上、滥用权力、脱离实际、思想僵化、机构冗余的现象，很容易造成官僚主义和腐败行为的蔓延。

邓小平同志在改革开放初期就要求全党认真研究在新的历史条件下如何加强思想政治工作，一定要避免出现埋头经济工作，忽视思想政治工作的情况。他对广大党员干部，尤其是领导干部提出要求，要持续不断地认真学习马克思主义理论，要继续保持艰苦奋斗的优良作风，抵制各类腐朽思想的侵蚀，实现自身道德素质的不断提升，在思想上筑牢反腐抗变的堤坝。

第二，重视反腐倡廉的法治教育。随着党和国家对制度建设重要性认识的不断加深，依法治腐成为廉政建设的重要突破口，党和国家领导人高度重视法制建设，大力推进反腐败的制度化建设。1980 年，邓小平同志曾专门指出，权力过分集中，职责权限不明，缺少正常的干部录用、奖惩、退休制度，缺乏监督机制等易于造成腐败问题。他还从制度和体制角度分析腐败现象产生的原因，多次强调法制的重要性。邓小平同志指出，对干部和共产党员来说，廉政建设要作为大事来抓。还是要靠法制，搞法制靠得住些①。

因此，在这个时期，党和国家集中制定了一批反腐倡廉的法规，强化制度制约作用，堵住腐败漏洞，将反腐败斗争纳入法治轨道，陆续出台了《关于党内政治生活的若干准则》《关于严惩严重破坏经济的罪犯的决定》《中华人民共和国行政法》等一系列法律制度，通过制定反腐倡廉法律法规，强化对反腐倡廉法律法规的学习，为公职人员划分了可为与不可为的界限，提升了他们对法律的敬畏心，也强化了他们廉洁从政的意识。

3. 习近平总书记的有关论述

习近平总书记一向高度重视廉洁教育，注重通过持续开展理想信念和党性教育、法律法规教育和各类主题教育来提升党员的廉政意识。第一，持续开展理想信念和党性教育。习近平总书记指出，对马克思主义、共产主义的信仰，对社会主义的信念，是共产党人

① 邓小平. 邓小平文选（第三卷）［M］. 北京：人民出版社，1993：379.

精神上的“钙”，没有理想信念，理想信念不坚定，精神上就会得“软骨病”①。习近平总书记在党的群众路线教育实践活动第一批总结会议上强调指出，理想信念是共产党人的精神之“钙”，必须加强思想政治建设，解决好世界观、人生观、价值观这个“总开关”问题②。通过持续开展理想信念教育，坚定马克思主义的信仰，坚定社会主义和共产主义的信念，才能正确处理公私关系，树立正确的是非观、义利观、权力观、事业观。党性是高度发展的阶级对立的结果和政治表现③，加强党性教育，就是要始终牢记人民的立场，强化作风建设。

习近平总书记指出，我们党作为马克思主义执政党，不但要有强大的真理力量，而且要有强大的人格力量。真理力量集中体现为我们党的正确理论，人格力量集中体现为我们党的优良作风。加强党性教育，教育党员领导干部要时刻坚持人民的立场，坚持群众路线，落实中央八项规定精神，坚决反对形式主义、官僚主义、享乐主义和奢靡之风。只有坚持进行理想信念教育，进行党性教育，才能在不同价值观的冲击下保持正确的原则和社会主义道路的自信心；才能有更高的站位、更开阔的心胸和始终正确的政治方向；才能进一步使广大党员正确把握全心全意为人民服务的根本宗旨和行为准则，认识到党和人民的利益高于一切，在个人利益与集体利益产生

---

① 习近平．在纪念陈云同志诞辰110周年座谈会上的讲话［M］．北京：人民出版社，2015：6.

② 中共中央文献研究室、中央党的群众路线教育实践活动领导小组办公室．习近平关于党的群众路线教育实践活动论述摘编［M］．北京：党建读物出版社、中央文献出版社，2014：40.

③ 中共中央马克思恩格斯列宁斯大林著作编译局．列宁全集（第十三卷）［M］．北京：人民出版社，1987：273.

矛盾时，能够自觉主动维护集体利益，认识到在发展社会主义市场经济的新的历史条件下，站在国家从富起来到强起来的历史新方位上，中国共产党要始终代表中国先进生产力的发展要求、代表中国先进文化的前进方向、代表中国最广大人民的根本利益；才能不受拜金主义、享乐主义、个人主义等的影响，坚持廉洁奉公、艰苦奋斗。

第二，法律法规教育。习近平总书记指出，把权力关进制度的笼子里，首先要建好笼子。笼子太松了，或者笼子很好但门没关住，进出自由，那是起不了什么作用的①。党的十八大以来，党和国家十分重视制度建设，既坚持依法治党，又注重与时俱进地深化反腐倡廉建设，注重党内法规同国家法律的衔接和协调，不断把管党治党创新成果固化为法规制度，先后组织制定修改 90 多部党内法规，管党治党的“螺栓”越拧越紧②。2013 年以来，中共中央还颁布了《建立健全惩治和预防腐败体系 2013—2017 年工作规划》等一系列党内法规，织密制度的笼子，用制度规范权力的运行，使反腐败斗争进一步走向规范化、制度化。一系列法律法规的制定，实现了党风廉政建设的有法可依、有章可循。通过学习《中国共产党章程》《中国共产党廉洁自律准则》《中国共产党纪律处分条例》《中国共产党问责条例》等党规党纪，广大党员始终牢记手中有尺、心中有戒，在学习、生活和工作中看齐高线、守住底线，自觉遵守党的政治纪律、组织纪律、廉洁纪律、群众纪律、工作纪律、生活纪律。

---

① 中共中央宣传部. 习近平新时代中国特色社会主义思想三十讲［M］. 北京：学习出版社，2018：321.

② 中共中央宣传部. 习近平新时代中国特色社会主义思想三十讲［M］. 北京：学习出版社，2018：321.

第三，各类主题教育。进入新时代，以习近平同志为核心的党中央先后在党内开展了一系列教育活动。2013 年的党的群众路线教育实践活动、2014 年的“三严三实”专题教育、2016 年的“两学一做”学习教育是推进全面从严治党的重要举措和抓手，通过学习，全党理想信念更加坚定、党性更加坚定。2019 年 6 月的“不忘初心、牢记使命”主题教育虽然以县处级以上领导干部为主体，但是覆盖了全体党支部的全体党员，并且将广大的学生党员纳入学习教育的对象。这次主题教育的根本任务是深入学习贯彻习近平新时代中国特色社会主义思想、锤炼忠诚干净担当的政治品格，团结带领全国各族人民为实现伟大梦想共同奋斗。这次主题教育的具体目标是理论学习有收获、思想政治受洗礼、干事创业敢担当、为民服务解难题、清正廉洁作表率。各次主题教育虽然各有不同的侧重点，但是都极为重视强化党员服务人民的意识、强化理想信念教育，尤其是“不忘初心、牢记使命”主题教育，明确地将清正廉洁作为重要的学习内容和实现目标，进一步提升了广大党员的廉洁意识。

第二章　新中国成立以来大学生廉洁教育的历史考察

大学生廉洁教育是我国反腐倡廉工程的延伸，是高校思想政治教育工作的重要内容。新中国成立以来，党和国家高度关注大学生的健康成长，作出了很多理论上和实践上的探索，尤其是党的十八大以来，大学生廉洁教育取得了明显的育人成效和丰硕的实践成果，为进一步深入开展新时代大学生廉洁教育积累了宝贵经验。对大学生廉洁教育的历史进行梳理，有利于我们总结经验、发现问题，推动新时代大学生廉洁教育的全面、持续、深入开展。

新中国成立以来，大学生廉洁教育的发展大致可以分为四个时期，第一个时期（1949 年—1976 年）是大学生廉洁教育的萌发期。在这一时期，高校思想政治理论课程的逐步确立给大学生廉洁教育带来了机遇。第二个时期（1977 年—2004 年）是大学生廉洁教育的初步发展期，该时期主要通过开设思想品德课、开展马克思主义理论的学习和公民道德教育推动大学生廉洁教育。第三个时期（2005 年—2011 年）以 2005 年 1 月，党中央颁布《建立健全教育、制度、监督并重的惩治和预防腐败体系实施纲要》为标志，高校积极开展大学生廉洁教育，大学生廉洁教育进入快速发展期。第四个时期（2012 年至今）是大学生廉洁教育的全面发展期。在这一时期，党的十八大召开，大学生廉洁教育越来越受到关注。开展大学生廉洁教育的基本经验是坚定马克思主义理论对大学生廉洁教育的指导，坚定中国共产党对大学生廉洁教育的领导，坚定继承优秀传统文化中关于廉洁教育的思想，坚定落实立德树人根本任务。

一、大学生廉洁教育的历史发展

以史为鉴，可以知兴替。毛泽东同志指出，指导一个伟大的革命运动的政党，如果没有革命理论，没有历史知识，没有对于实际运动的深刻的了解，要取得胜利是不可能的①。全面考察新中国成立以来大学生廉洁教育的历史，对我们持续推进大学生廉洁教育，培养具有高度廉洁意识的社会主义事业的建设者和接班人具有重要意义。

（一）大学生廉洁教育的萌发期（1949年—1976年）

新中国成立后，党和国家采取了一系列的措施，不断加强和推进高校思想政治教育工作。1949年12月，在第一次全国教育工作会议上，教育部领导就思想政治教育的目的、原则和方法问题进行了全面深入的阐述，为高校思想政治教育工作的开展提供了指导。大学生廉洁教育作为思想政治教育的重要内容，得到了良好的发展机遇。

1949年11月1日，刚刚成立的教育部就将确立思想政治理论课程当作重要工作，随后于1950年通过了《教育部关于实施高等学校课程改革的决定》，明确要求在高等学校开设“新民主主义论”等课程，思想政治理论课程自此迅速确立和发展起来。

毛泽东同志对教育工作高度重视，作出了很多重要的批示。

---

① 毛泽东．毛泽东选集（第二卷）［M］．北京：人民出版社，1991：533.

1958年，中共中央、国务院根据毛主席关于教育的有关批示精神，将党的教育工作方针明确为培养共产主义社会的全面发展的新人，就是既有政治觉悟又有文化的、既能从事脑力劳动又能从事体力劳动的人，而不是旧社会的只专不红，脱离生产劳动的资产阶级知识分子①。相关文件还进一步明确指出了学校需要开展的教育内容和教育的主导观念：在一些学校中，必须进行马克思列宁主义的政治教育和思想教育，培养教师和学生的工人阶级的阶级观点、群众观点和集体观点②。阶级观点、群众观点、集体观点等都是大学生廉洁教育的重要理论基础，大学生只有全面地掌握这些理论，才能在个人利益和公共利益发生矛盾时保持清醒的头脑，恪守底线。

1959年以后，高校的思想政治理论课程进一步调整，1961年9月，教育部制定并公布的《中华人民共和国教育部直属高等学校暂行工作条例（草案）》规定，高等学校学生的培养目标之一是具有爱国主义和国际主义精神，具有共产主义道德品质，拥护共产党的领导，拥护社会主义，愿为社会主义事业服务、为人民服务③。高等学校各专业都必须加强政治理论课程的教学④。这个条例的公布，是新中国成立以后我国高等教育发展史上的一个里程碑，标志着高校各项工作，包括思想政治理论课程的教学走上了正轨，思想政治理论课程逐步分为哲学、政治经济学、政治学、中共党史。通过这样长时间的努力和尝试，思想政治理论课程逐步确立，教育内容也

---

① 中共中央文献研究室. 建国以来重要文献选编（第十一册）[M]. 北京：中央文献出版社，1995：491.

② 中共中央文献研究室. 建国以来重要文献选编（第十一册）[M]. 北京：中央文献出版社，1995：491.

③ 中共中央文献研究室. 建国以来重要文献选编（第十四册）[M]. 北京：中央文献出版社，1997：581.

④ 中共中央文献研究室. 建国以来重要文献选编（第十四册）[M]. 北京：中央文献出版社，1997：584.

逐渐丰富，为大学生廉洁教育的开展奠定了理论基础。

（二）大学生廉洁教育的初步发展期（1977年—2004年）

党的十一届三中全会以后，国家对高校思想政治工作高度重视，为了适应改革开放和社会主义现代化建设的需要，不断加强和改进高校思想政治工作，高校思想政治工作焕发蓬勃生机，出现了大好局面，大学生廉洁教育得以进一步发展。

1. 通过思想品德课积极开展大学生廉洁教育

党的十一届三中全会以来，全国高校对大学生开展了四项基本原则、革命理想信念和共产主义品德教育，取得了很大的成效，但仍然存在较多问题。为进一步提升大学生思想道德素质，教育部、共青团中央1980年4月发出的《关于加强高等学校学生思想政治工作的意见》明确提出，要对大学生加强共产主义道德品质教育，并对教育的内容和方法都作出了规定①。1982年教育部发出《关于在高等学校逐步开设共产主义思想品德课的通知》，这也成为高校思想品德课的起点。高校开始通过思想品德课来加强对学生的人生观、世界观和价值观的教育，提高学生的思想道德素质。1987年，中共中央发出的《关于改进和加强高等学校思想政治工作的决定》提出，要经常、有针对性地对学生进行党的路线、方针、政策和形势教育，爱国主义、国际主义和革命传统教育，理想、道德和纪律教育以及社会主义民主和法制教育②。

随后，原国家教委于1995年11月23日制定并下发了《中国普通高等学校德育大纲（试行）》，整体规划了高校德育工作，德育成

① 《中国教育年鉴》编辑部. 中国教育年鉴（1949—1981）［M］. 北京：中国大百科全书出版社，1984：833-835.

② 中共中央文献研究室. 十二大以来重要文献选编（下）［M］. 北京：人民出版社，1988：1410-1423.

为学校教育的重要组成部分。德育目标是使学生热爱社会主义祖国，拥护党的领导和党的基本路线；努力为人民服务，具有艰苦奋斗的精神和强烈的使命感、责任感；自觉遵纪守法，具有良好的道德品质和健康的心理素质；等等。德育课程中很多教育内容，尤其是理想信念教育、纪律教育、学风教育、法治教育和革命传统教育，与大学生廉洁教育的内容一致，价值目标指向一致，都是大学生廉洁教育的重要内容。

高校思想政治工作虽然有了很大的发展，但是还存在很多问题。经过长期探索和多次改革，高校思想政治理论课程体系逐步确定和成熟起来。通过一系列的教育活动，学生的深层认识问题得到了解决，资产阶级的社会政治学说、价值观和生活方式等对青年学生的影响逐渐减弱。这个时期对大学生开展的思想品德教育，不仅提升了大学生思想道德素质，更是对他们廉洁价值观的树立起到了积极正面的引导作用。

2. 通过马克思主义理论学习开展大学生廉洁教育

从 1989 年开始，高校出现了一些青年教师认真学习马列主义、毛泽东思想和邓小平理论的良好氛围，产生了积极的影响。为进一步引导和推动高校青年师生主动学习马克思主义理论。1991 年，中央宣传部、原国家教委、共青团中央发出了《关于组织高等学校青年师生学习马克思主义青年读本的通知》，后来又专门开展了学习马克思主义理论的经验交流会，进一步将这项活动引向深入。1992 年中央宣传部、原国家教委、共青团中央又发出了《关于进一步组织高等学校青年师生学习马克思主义理论的通知》，明确要求理论联系实际，重点解决立场、信念和人生观、价值观的问题。

这些活动的开展，吸引了大量的青年教师和学生深入学习经典著作，帮助他们深刻认识马克思主义与反马克思主义、社会主义与资本主义的本质区别，帮助他们坚定共产主义信念，树立无产阶级世界观和全心全意为人民服务的人生观与价值观。这些学习活动，一方面营造了学原著、用原著的良好学习氛围，另一方面进一步加强了青年师生共产主义信念和人生观、价值观的塑造。马克思主义理论中很多关于廉洁理论的论述也通过这些活动进入青年师生的头脑，对他们树立廉洁价值观具有积极的作用。

3. 通过公民道德教育推动大学生廉洁教育

加强对大学生的公民道德教育是中央发展先进文化的重要举措，2001 年中共中央制定并印发了《公民道德建设实施纲要》，根据文件精神，教育部就教育战线学习和贯彻《公民道德建设实施纲要》的有关问题进一步发出了通知，提出了“爱国守法、明礼诚信、团结友善、勤俭自强、敬业奉献”的基本道德规范，明确了青少年是公民道德教育的重点人群，学校是对青少年进行系统道德教育的重要场所。同时，为进一步贯彻《公民道德建设实施纲要》精神，尤其是为了解决高校学术研究中存在的不容忽视、有些方面还比较严重的学术风气不正、学术道德失范的问题，教育部于 2002 年发出了《关于加强学术道德建设的若干意见》，文件对端正学术风气、加强学术道德建设的重要性和紧迫性作出了说明，并提出了加强学术道德建设的基本要求。

该文件的出台，对加强广大教师和学生的学术道德教育，提升他们求真务实、勇于创新、严谨自律的治学态度具有重要意义。通过学习，广大教师和学生增强了科研服务社会的使命感和责任感，充分认识到沽名钓誉、急功近利、自私自利、投机取巧的浮躁作风和行为的危害，强化了实事求是的科学态度和严谨的治学态度。此外，通过对法律法规的学习，大学生进一步了解了知识产权等方面的知识，更加尊重他人的劳动权益，更能够旗帜鲜明地反对用不当手段谋求利益的行为。加强学术道德建设、端正学术风气、建立学术惩戒处罚制度对大学生廉洁价值观的建立具有重要意义。

（三）大学生廉洁教育的快速发展期（2005 年—2011 年）

2005 年以来，党中央颁布了《建立健全教育、制度、监督并重的惩治和预防腐败体系实施纲要》，教育部专门下发了《教育部关于在大中小学全面开展廉洁教育的意见》，自此，大学生廉洁教育有了政策依据，迎来了快速发展期。

1. 党和国家要求积极开展廉洁教育

党中央于 2005 年 1 月颁布了《建立健全教育、制度、监督并重的惩治和预防腐败体系实施纲要》，提出教育行政部门、学校和共青团组织要把廉洁教育作为青少年思想道德教育的重要内容。2007 年，教育部下发了《教育部关于在大中小学全面开展廉洁教育的意见》，指出从 2007 年起，在全国大中小学全面开展廉洁教育。这意味着大学生廉洁教育进入了在全国高校全面开展的发展阶段，大学生廉洁教育成为高校的一项重要工作，自此，关于大学生廉洁教育的学术研究进一步繁荣，不少高校开始探索单独设立廉洁教育课程。进入新时代，党的十八大报告将立德树人作为教育的根本任务，其中“德”的重要内容就涵盖廉洁的价值取向，为高等学校全面开展大学生廉洁教育提供了政策支持和思想基础，进一步推动了大学生廉洁教育的发展。

2. 持续在高校思想政治理论课程体系中开展大学生廉洁教育

随着国家反腐倡廉工作的深入开展，一代代大学生走进社会，承担起中流砥柱的作用，大学生廉洁教育成为党和国家越来越关注的重点问题。

2005 年 3 月，中共中央宣传部、教育部印发了《关于进一步加强和改进高等学校思想政治理论课的意见》，将高等学校思想政治理论课本科课程设置为四门必修课，分别是“马克思主义基本原理”“毛泽东思想、邓小平理论和‘三个代表’重要思想概论”“中国近现代史纲要”“思想道德修养与法律基础”。2008 年 8 月，教育部办公厅下文将“毛泽东思想、邓小平理论和‘三个代表’重要思想概论”课程名称调整为“毛泽东思想和中国特色社会主义理论体系概论”。进入新时代，大学生廉洁教育成为高校思想政治教育的重要组成部分，不少高校在思政课教学中将廉洁教育作为一个重要内容进行专门讲授，或在“马克思主义基本原理”等课程中重点分析涉及理想信念等内容的章节；或在“形势政策”课中以专题的形式进行授课；或专门编写教材设立专门的课程，通过多种方式增加思想政治理论课中的廉洁教育因子，持续对大学生开展廉洁教育。

江南大学就思想政治理论课中的廉洁教育开展了探索与实践，并取得了一定的成效。江南大学注重廉洁教育与思政课的结合，如在“马克思主义基本原理”讲授中，运用联系、发展、全面的观点看待腐败现象和反腐败工作；在“思想道德修养与法律基础”讲授中，帮助大学生树立廉洁价值观，恪守公民基本道德规范，树立和践行社会主义核心价值观，培养大学生遵纪守法意识，加强职业道德教育等。开展类似实践的还有其他一些高校，总体思路都是通过在思政课中开展廉洁教育，帮助大学生形成廉洁的价值观，使他们自觉践行廉洁行为。

（四）大学生廉洁教育的全面发展期（2012 年至今）

党的十八大以来，我国进入新的历史时期，新的历史条件对大学生的全面发展提出了新要求，加强大学生廉洁教育，不仅是大学生个人成长成才的必然要求，也是国家发展的必然要求。因此，在新时代，大学生廉洁教育越来越受到关注，进入了全面发展的重要时期。

1. 立德树人根本任务的提出为大学生廉洁教育提供政策支持

立德树人是国家在新时代贯彻党的教育方针的基础上提出的根本任务。中共中央、国务院下发的《关于加强和改进新形势下高校思想政治工作的意见》指出，全面贯彻党的教育方针，坚持社会主义办学方向，扎根中国大地办大学，以立德树人为根本，以理想信念教育为核心，以社会主义核心价值观为引领[①]。2017 年教育部党组下发的《高校思想政治工作质量提升工程实施纲要》指出，充分发挥中国特色社会主义教育的育人优势，以立德树人为根本，以理想信念教育为核心，以社会主义核心价值观为引领，以全面提高人才培养能力为关键[②]。2018 年 5 月 2 日，习近平总书记在北京大学师生座谈会上指出，要把立德树人的成效作为检验学校一切工作的根本标准，真正做到以文化人、以德育人，不断提高学生思想水平、政治觉悟、道德品质、文化素养，做到明大德、守公德、严私德。要把立德树人内化到大学建设和管理各领域、各方面、各环节，做到以树人为核心，以立德为根本[③]。2019 年 3 月 18 日，习近平总书记在学校思想政治理论课教师座谈会上强调，用新时代中国特色社会主义思想铸魂育人，贯彻党的教育方针，落实立德树人根本任务。2018 年 9 月 10 日，习近平总书记在全国教育大会上的讲话中指出，坚持党对教育事业的全面领导，坚持把立德树人作为根本任务。

立德树人所立之“德”指的应该是“大德、公德、私德”之总

① 中共中央、国务院印发《关于加强和改进新形势下高校思想政治工作的意见》[N]. 人民日报，2017-02-28.

② 教育部. 中共教育部党组关于印发《高校思想政治工作质量提升工程实施纲要》的通知，http://www.moe.gov.cn/srcsite/A12/s7060/201712/t20171206_320698.html.

③ 习近平. 在北京大学师生座谈会上的讲话 [M]. 北京：人民出版社，2018：7.

称，包括政治、道德、法律，即理想信念、道德品质、法治素养三个方面[①]。立德就是要坚定青年学生的理想信念，培养他们的道德品质，涵养他们的法律素养，帮助他们形成自律、自省、感恩、谦和、遵纪守法的理念和行为习惯。由此可见，立德树人的根本任务与大学生廉洁教育价值目标指向一致，以立德为根本，以树人为核心，在坚定理想信念、厚植爱国主义情怀、加强品德修养、增长知识见识、培养奋斗精神、增强综合素质上下功夫，帮助大学生在立德树人的根本任务下，逐步树立廉洁意识，涵养清正廉洁的浩然之气，成为具有坚定廉洁价值观的有德之人。

2. 通过课程思政形式积极开展大学生廉洁教育

习近平总书记在2016年全国高校思想政治工作会议上的讲话中强调，高校思想政治工作关系高校培养什么样的人、如何培养人以及为谁培养人这个根本问题。高校要坚持把立德树人作为中心环节，把思想政治工作贯穿教育教学全过程，实现全程育人、全方位育人，努力开创我国高等教育事业发展新局面。根据习近平总书记对高校思想政治工作的要求，高校要遵循教书育人的规律，遵循学生成长的规律，要用好课堂教学这个主渠道，要把立德树人贯穿教育教学全过程，把思想教育和文化素质的培养贯穿所有课程的教学过程，使显性教育和隐性教育相互融通，既发挥思想政治理论课在社会主义核心价值观教育中的主导作用，又结合通识教育和专业课程的育人功能，实现全方位的大思政的教育目标。

习近平总书记在强调要提升思想政治教育亲和力和针对性，满足学生成长发展需求和期待的同时指出，其他各门课都要“守好一段渠、种好责任田”，使各类课程与思想政治理论课同向同行，形成

---

① 王树荫. 厘清立德树人根本任务中“德”的含义［N］. 光明日报，2019-12-04.

协同效应。课程思政的全面开展为大学生廉洁教育提供了新的载体和渠道，课程思政能够有效衔接各门专业课的教学与廉洁教育。课程思政成为新时代开展大学生廉洁教育的有效方式。

3. 习近平总书记的系列重要讲话精神

习近平总书记在全国宣传思想工作会议上指出，宣传思想工作是做人的工作的，要把培养担当民族复兴大任的时代新人作为重要职责①。重中之重是要以坚定的理想信念筑牢精神之基，坚定对马克思主义的信仰，对社会主义和共产主义的信念，对中国特色社会主义道路、理论、制度、文化的自信②。理想信念是思想之钙，如果理想信念滑坡，不能正确处理公私关系，缺乏正确的是非观、义利观、权力观、事业观，各种出轨越界、跑冒滴漏就在所难免了。党的十八大以来，以习近平同志为核心的党中央正风肃纪、反腐惩恶，推动党风廉政建设和反腐败斗争理论不断创新、实践不断深入，在理论和实践两个方面，为大学生廉洁教育提供了更为深刻的指导思想、更为丰富的课程内容。

习近平总书记在学校思想政治理论课教师座谈会上的讲话中强调，青少年阶段是人生的“拔节孕穗期”，最需要精心引导和栽培，思想政治理论课是落实立德树人根本任务的关键课程。习近平总书记的系列重要讲话精神对高校积极开展大学生廉洁教育具有重要的指导意义。

二、大学生廉洁教育的基本经验

（一）坚持马克思主义理论对新时代大学生廉洁教育的指导

马克思主义理论是中国共产党的指导思想，也是我们开创各项

① 谢春涛. 改革开放为什么成功？［M］. 北京：人民出版社，2018：80.

② 全国干部培训教材编审指导委员会. 推动社会主义文化繁荣兴盛［M］. 北京：人民出版社、党建读物出版社，2019：86.

事业的行动指南。马克思主义具有指导地位是在革命、建设和改革中被反复证明的，是我们认识世界和改造世界的强大武器。无数的事实也向我们证明，坚持马克思主义的指导，我们才能取得各项事业的进步和发展，背离马克思主义则会面临倒退。

1. 确保新时代大学生廉洁教育的正确方向

进入新时代，我们面临新的发展和挑战，面临更加复杂多元的世界环境，需要更加自觉地坚持用马克思主义理论指导各项工作。新时代大学生是祖国的未来、民族的希望，更是中国特色社会主义事业的建设者和接班人，他们是否具有健康向上的价值观、廉洁的品行，对我们国家各项事业的发展都具有极大的影响。马克思主义理论不是僵化的理论，不是高高在上的理论，它与时俱进，并且在指导实践的过程中焕发出更加强大的生命力。

同时，马克思主义理论兼容并蓄的特性也使我们能够对外来文化和教育方法等抱有学习之心。我们也应该深刻认识到，大学生廉洁教育是对大学生进行意识形态方面的教育，在这个领域，如果我们不坚持用马克思主义理论来指导和引领，其他非马克思主义，甚至反马克思主义思想就会侵蚀我们的头脑。在如今世界联系更加紧密，多种价值观冲击更加激烈的情况下，新时代大学生廉洁教育很容易偏离主线。正因为我们坚持了马克思主义理论对新时代大学生廉洁教育的指导地位，才确保了正确的教育方向。

2. 夯实新时代大学生廉洁教育的理论基础

马克思主义理论内涵丰富，其中很多纲领式的论断不仅在过去、现在，而且在未来很长时间都有生命活力。马克思主义理论蕴含了大量关于廉洁教育等方面的思想，这些理论是建立在对人类社会发展规律的客观认识和广泛的实践基础上的，即使在今天也具有非常重要的价值。

马克思主义理论对私有制、资产阶级民主以及资产阶级权力运行体制进行了尖锐的批判，这些思想能够帮助新时代大学生认清资本主义国家的本质和他们所谓“廉洁”的伪科学性。同时，马克思主义理论又是不断发展的理论，发展中的马克思主义理论不断与实践相结合，产生了更为丰富和适合时代发展的理论成果，这些都成为新时代大学生廉洁教育的理论源泉。正因为我们在教育中坚持以马克思主义理论为指导，才能夯实新时代大学生廉洁教育的理论基础，丰富新时代大学生廉洁教育的内容。

（二）坚持中国共产党对新时代大学生廉洁教育的领导

中国共产党是我国各项事业的领导核心，坚持中国共产党的领导就是坚持社会主义道路。中国共产党带领全国各族人民，灵活运用马克思主义理论指导中国实践，取得了举世瞩目的伟大成就，只有在中国共产党的领导下，才能实现新时代大学生廉洁教育的全面可持续性开展并取得实效。

1. 中国共产党是社会主义各项事业的领导核心

1954年，毛泽东同志在第一届全国人民代表大会上庄严地宣布，领导我们事业的核心力量是中国共产党。自此以后，中国共产党带领全国各族人民为实现国家富强、人民幸福不懈努力，终于迎来了中华民族由站起来到富起来再到强起来的伟大飞跃。因此，中国共产党是社会主义各项事业的领导核心这一重大政治结论是客观事实的反映，是长期实践的结果，是经得起考验的。

进入新时代，我们面临更加复杂多元的世界环境，要更加坚定党对各项事业的领导，坚持党的核心地位。前进的路上会遇到各种风险和挑战，中国共产党始终代表中国最广大人民的根本利益，坚持以人民为中心的发展思想，让全体人民共享改革发展带来的物质福利与精神愉悦，勇于自我革命，有效推进社会治理。只有坚持和加强党对各项事业的全面领导，才能在为人民谋幸福、为民族谋复兴的路上走得更远更稳，也才能推动各项事业的蓬勃发展。新时代开展大学生廉洁教育也不例外，我们正是坚持了中国共产党的领导，才能在日益复杂多变的世界环境中守牢阵地，确保大学生廉洁教育持续有效开展。

2. 确保新时代大学生廉洁教育的全面可持续性

明确要求在大学生中系统开展廉洁教育可追溯到2005年中共中央下发的《建立健全教育、制度、监督并重的惩治和预防腐败体系实施纲要》。该文件提出，教育行政部门、学校和共青团组织要把廉洁教育作为青少年思想道德教育的重要内容。大学生作为社会主义建设者和接班人，走进社会后将成为各项事业的主力军，他们的廉洁意识如何，关系到国家反腐败工作的效果，因此，他们应该成为廉洁教育的重点对象。

进入新时代，在大学生中开展廉洁教育更具有紧迫性和必要性，这既是时代的要求，也是大学生自身特性所决定的。在大学生中开展廉洁教育将是一项长期性、艰巨性的工程，要实现大学生廉洁意识普遍提升并自觉反对腐败，社会清廉之气不断提升的效果，我们需要长期持续性地开展廉洁教育，这离不开党的坚强领导和指引。

（三）坚持优秀传统文化对新时代大学生廉洁教育的引领

习近平总书记多次提到传统文化的重要作用，2014年10月13日，习近平总书记在中共中央政治局第十八次集体学习时的讲话中指出，中华优秀传统文化是我们最深厚的文化软实力，也是中国特色社会主义根植的文化沃土。每个国家和民族的历史传统、文化积淀、基本国情不同，其发展道路必然有着自己的特色。在新时代，我们要与时俱进地不断弘扬优秀传统文化，赋予其新的时代内涵，同时将其与马克思主义理论有机结合，从而为大学生廉洁教育提供丰富的内容。

1. 优秀传统文化是新时代大学生廉洁教育的重要理论来源

新时代大学生廉洁教育离不开对优秀传统文化的继承。现在一些高校在开展廉洁教育实践时，非常重视优秀传统文化的作用。习近平总书记在纪念孔子诞辰2565周年国际学术研讨会暨国际儒学联合会第五届会员大会开幕会上指出，中华优秀传统文化的丰富哲学思想、人文精神、教化思想、道德理念等，可以为人们认识和改造世界提供有益启迪，可以为治国理政提供有益启示，也可以为道德建设提供有益启发①。

中国传统文化内容丰富，其中有非常多的内容鼓励人们积极向善，我们要继承这些传统文化，并结合实际灵活运用，赋予其新的含义。如诸葛亮的《诫子书》中的“非淡泊无以明志，非宁静无以致远”，说的是如果不能够清静淡泊就不能够明确自己的志向，如果不能够安宁静心就不能够实现远大的理想。这样的格言在中华传统文化中还有很多，在当代也仍然具有重要的启示意义。

2. 优秀传统文化易被新时代大学生接受

传统文化中关于廉洁教育的很多思想都蕴含在大学生耳熟能详的典故、朗朗上口的格言中，对大学生而言，它们具有天然亲和力，如《三字经》《弟子规》《千字文》中有很多关于廉洁的内容，这些都是大学生从小知晓并反复诵读的，里面所蕴含的道理容易被大学生接受。同时，传统文化中关于廉洁的很多思想在新时代的背景下也有了新的内涵，淡泊宁静在新时代的新内涵在于淡泊名利、安定清净才能够在复杂纷繁的社会环境中坚定自己的理想信念，坚守自己的初心，主动与腐败行为做斗争，才能做到有所为、有所不为。

---

① 习近平. 在纪念孔子诞辰2565周年国际学术研讨会暨国际儒学联合会第五届会员大会开幕会上的讲话［M］. 北京：人民出版社，2014：7.

传统文化因容易被接受，因被赋予新的内涵而更有生命力。

（四）坚持新时代高校立德树人根本任务的落实

立德树人是高校的根本任务，立德树人的根本任务与大学生廉洁教育的价值取向具有一致性，为大学生廉洁教育的开展确定了方向。落实好立德树人的根本任务能够有效推动大学生廉洁教育的深入开展，开展大学生廉洁教育能够为立德树人根本任务的完成提供支持。

1. 廉洁是立德树人的内涵要求

立德树人作为高校的根本任务是党和国家在多年的实践中逐步形成与确定下来的，党的十八大报告明确提出将立德树人作为教育的根本任务。随后，党的十八届三中全会又进一步提出，坚持立德树人，加强社会主义核心价值体系教育，提升中华优秀传统文化教育实效性。党的十九大报告强调，要全面贯彻党的教育方针，落实立德树人根本任务①。习近平总书记也多次在不同场合阐明立德树人的内涵、要求和做法，习近平总书记在全国教育大会上指出，要把立德树人融入思想道德教育、文化知识教育、社会实践教育各环节，贯穿基础教育、职业教育、高等教育各领域②。立德树人的重要性不言而喻，所立之“德”为“何德”是我们要重点关注的。

“德”的内涵丰富博大，对于新时代的大学生而言，最为基本的是具有坚定的理想信念和正确的价值观。当前受多元文化的影响，拜金主义、享乐主义、极端个人主义等不良思想给大学生带来了消

---

① 习近平. 决胜全面建成小康社会 夺取新时代中国特色社会主义伟大胜利：在中国共产党第十九次全国代表大会上的报告［N］. 人民日报，2017-10-28.

② 教育部课题组. 深入学习习近平关于教育的重要论述［M］. 北京：人民出版社，2019：86.

极的影响，他们的权力观、金钱观出现偏差。培养大学生树立廉洁价值观，对于他们坚定理想信念具有十分重要的意义。“惟廉者能约己而爱人，贪者必朘人以肥己”“廉者，民之表也；贪者，民之贼也”“忠信廉洁，立身之本，非钓名之具也”，廉洁自古以来就是我国传统文化所推崇的美德，是品性高洁、具有良好德行的基本要求。进入新时代，尤其是在全力推进落实立德树人根本任务的背景下，廉洁更是作为不可忽略的重要内容蕴含在立德的基本要求中。

2. 开展大学生廉洁教育是落实立德树人根本任务的具体举措

立德树人的实现需要通过教育的手段将德传导给学生，内化为坚定的信念、觉悟，形成深刻认识，加强大学生廉洁教育正是落实立德树人根本任务的具体举措。2014 年 5 月 4 日，习近平总书记在北京大学考察时强调，人生的扣子从一开始就要扣好，“凿井者，起于三寸之坎，以就万仞之深”。习近平总书记还指出，青少年阶段是人生的“拔节孕穗期”，最需要精心引导和栽培。高校作为大学生“拔节孕穗”的重要一站，既是培育学生的重要阵地，也是学生走出校门、步入社会，承担更大的责任的起始点。大学生时期是他们廉洁品格形成和定型的关键时期。

落实立德树人根本任务，需要立好德才能树好人。我们应将立德放在培养大学生成长成才的首位，通过帮助大学生树立远大理想从而使他们形成正确的世界观、人生观和价值观；通过在教学过程中融入廉洁理念，引导大学生加强内在修养，保持洁身自好的品行操守；通过思想引导和道德教化，提高大学生明善恶、辨是非、抵侵蚀、防腐化的能力，将廉洁种子深植青年学生内心，从而不断增强大学生的廉洁意识。

第三章　新时代大学生廉洁教育的现实审视

人们在反腐倡廉上往往存在一个误区，总认为廉洁、廉政是成年人的事情，与青少年无关，与大学生无关，这种认识并不准确。大学生是青年中最具有思想活力的群体，是国家的未来和希望，是中国特色社会主义伟大事业的建设者和接班人，他们健康成长成才，是关乎国家未来发展、长治久安的大事。大学期间是大学生人生观、价值观、世界观形成的关键时期，加强对大学生的思想政治教育，强化他们的廉洁意识，不断提高他们拒腐防变的能力，对他们走入社会从事各项事业都具有十分重要的意义。

在新时代，廉洁教育作为大学生思想政治教育的重要组成部分，对培养合格的社会主义建设者和接班人具有极为重要的意义。为适应新时代人才培养总要求，我们应将全面从严治党延伸到人才培养体系之中，从源头抓起，将反腐倡廉关口前移，广泛开展廉洁教育，将崇尚廉洁、反对腐败作为新时代大学生思想道德的基本要求，筑牢其思想根基。近年来，高校进行了大学生廉洁教育的一些有益实践，取得了一定的成效，也存在一些问题。了解当前大学生廉洁教育的总体情况，找出目前大学生廉洁教育存在的问题并分析其原因，有助于我们更好地开展大学生廉洁教育。

一、新时代大学生廉洁教育调研的基本情况

大学生廉洁教育自开展以来，部分学者和高校教师进行了很多有益的理论与实践探索，也取得了一定的成效。为了解当前我国大学生廉洁教育的现实情况，为下一步更好地开展新时代大学生廉洁教育提供现实依据，笔者设计了调查问卷，还进行了一些个别访谈和座谈，希望掌握有关新时代大学生廉洁意识的养成、大学生廉洁教育的开展以及当前大学生廉洁教育取得的效果等方面的情况。

（一）调研的内容和方式

1. 调研的内容

本次调研从两个方面进行，一方面为调研问卷，主要通过选择题和简答题的形式，了解有关大学生廉洁意识状况（观念和行为）和大学生廉洁教育开展状况（教育和成效）两个层面的内容。其中，观念和行为主要考察大学生廉洁意识中的观念与行为选择，和大学生生活与学习、工作状况息息相关的就业观、网络运用情况、身心健康情况等都纳入观念和行为的考察内容。教育和成效则主要考察大学生廉洁教育的开展情况与成效，包括课堂教学（主渠道）和日常教育（主阵地）两个层面。课堂教学主要考察大学生对以廉洁为主要内容的教学的方法、效果等的评价；日常教育主要考察大学生对全员、全过程、全方位育人活动开展情况的评价，包括党团活动、主题教育、校园文化活动、社团活动、网络思政、心理教育、就业辅导等多个方面，此外，大学生对廉洁教育成效的评价和对自身廉洁素质的评价也被纳入考察内容。另一方面为个别访谈和座谈，主要通过一对一采访的形式和座谈交流的形式深入了解大学生与部分教师对廉洁教育的看法。

内容主要涵盖对腐败的认识、廉洁的内涵、对目前开展廉洁教育效果的评价以及未来是否能保持廉洁等内容。

2. 样本选取、回收与访谈情况

本次调研以发放《新时代大学生廉洁教育调查问卷》和走访部分高校的在校师生、召开师生座谈会为主要方式，获取大学生廉洁教育的第一手资料。

本次调研的问卷由笔者自行设计，在问卷的最初设计过程中，笔者收集了相关资料，借鉴了相关领域的调研问卷的设计思路，逐步形成了问卷初稿。随后，笔者询问了一些高校从事大学生管理工作、思政课教学工作的师长和同学，就问卷设计展开讨论，后经修改，最终形成了较为成熟的问卷。

本次调研分别在华中师范大学、郑州大学、河南中医药大学、郑州升达经贸管理学院、华东师范大学、上海大学、盐城师范学院、云南大学、陕西师范大学、陕西科技大学 10 所高校进行。笔者选择样本学校时主要考虑了以下因素：一是地理区域，分别从东部、中部、西部三个地区中选择高校，其中华东师范大学、上海大学、盐城师范学院为东部地区高校，华中师范大学、郑州大学、河南中医药大学、郑州升达经贸管理学院为中部地区高校，云南大学、陕西师范大学、陕西科技大学为西部地区高校；二是办学层次，其中华中师范大学、郑州大学、华东师范大学、上海大学、云南大学、陕西师范大学为“双一流”建设高校或者“双一流”学科建设高校，河南中医药大学、盐城师范学院、陕西科技大学为普通本科院校，郑州升达经贸管理学院为民办高校；三是办学类型，10 所样本高校中有综合类大学、师范类大学，也有医学类特殊高校、民办高校等（见图 1）。

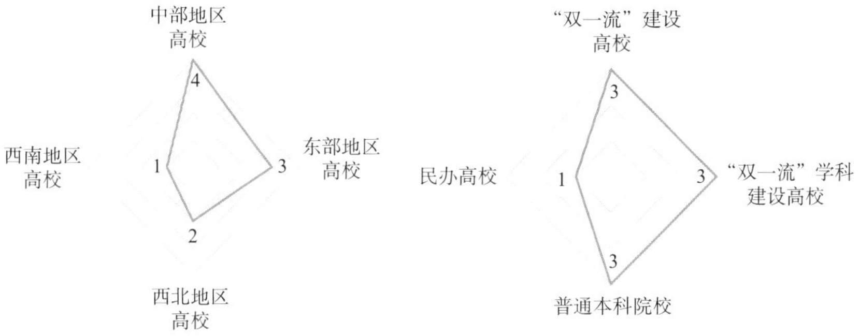

图 1　调研学校地理区域和办学层次情况

本次调研共发放问卷 1100 份，回收 1055 份，回收率为 95.9%，除无效问卷 25 份外，实际有效问卷 1030 份，有效率为 97.6%。此次调研对象涵盖在校各学生群体，调查结果真实有效，为下一步研究提供了有效支撑（见图 2）。

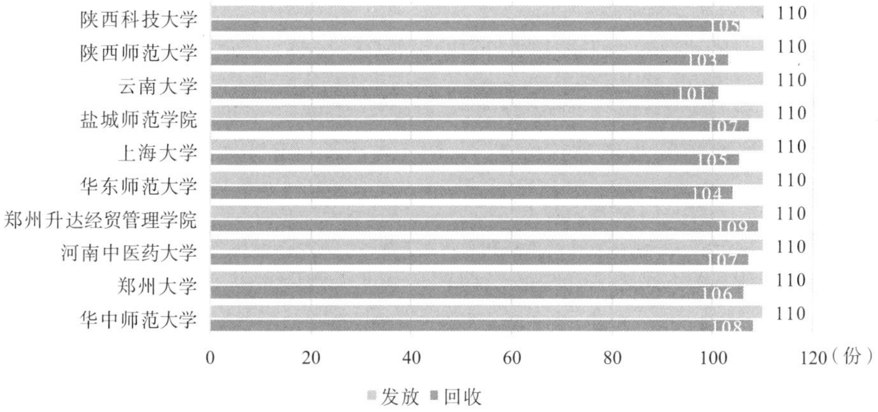

图 2　问卷发放、回收情况

本次调研进行了深度访谈，共选择了 35 位教师和学生，目的是深入了解大学生廉洁意识状况、对目前廉洁教育的意见和建议、对未来自己保持廉洁的信心等方面的内容，其中思政课教师 10 名、辅导员 6 名、其他学工干部 4 名、心理辅导教师 3 名、在校大学生 12 名（见图 3）。

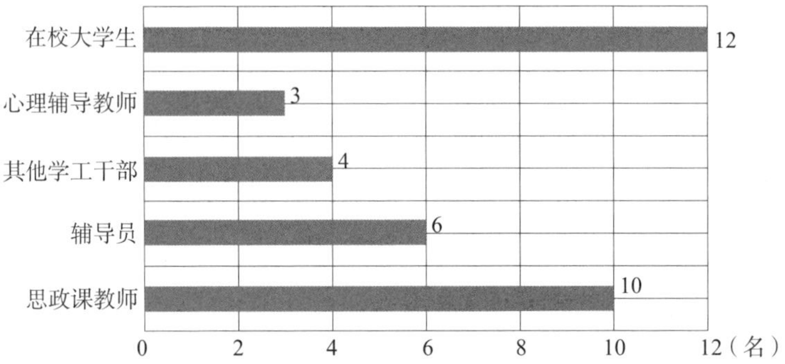

图 3　访谈参与人员情况

（二）当前大学生廉洁教育的基本情况

1. 大学生基本能够认识到廉洁的基本含义

从调查问卷的结果来看，当问及廉洁的内涵时，大部分学生都能够将“不贪污”“节俭简约、朴实无华”归纳为廉洁的内涵；仅有8.3%和10.3%的学生能够把“志气高洁、品行正直”“实事求是、勤政务实”两项品质列为内涵之中。统计结果表明，大部分学生能够认识到廉洁的基本含义，但对其内涵和外延的认识深度不够，大多停留在字面上（见图4）。

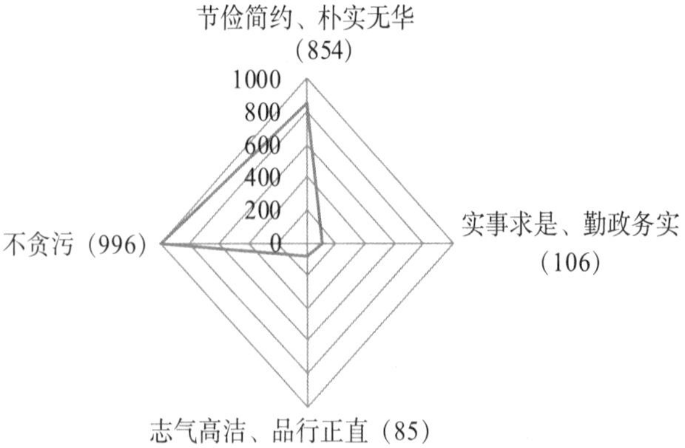

图 4　大学生对廉洁内涵的认知状况

2. 大学生接受廉洁教育的主要形式是思政课

从调研统计结果我们可以看出，在接受过廉洁教育的学生中，75.3%的学生表示通过思想政治理论课接受廉洁教育，54.4%的学生表示通过入学教育、形势与政策报告会或专题宣讲会接受廉洁教育，其中值得关注的是，仅有 11.3%的学生表示通过专业课课程思政接受廉洁教育（见图 5）。

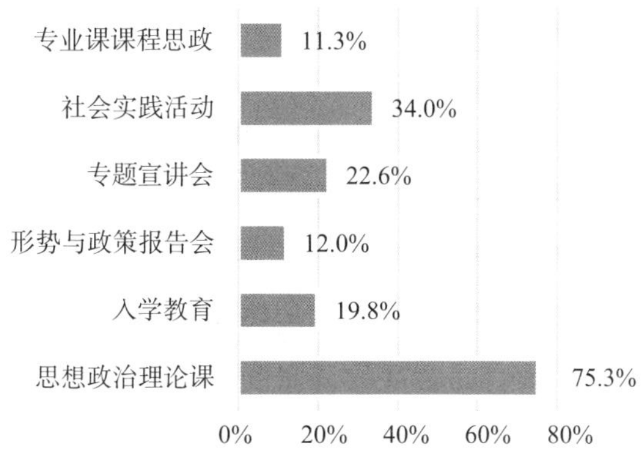

图 5　大学生接受廉洁教育的形式

3. 大学生对学校廉洁教育的满意度不高

通过分析调查问卷结果和整理访谈记录结果，笔者发现在廉洁教育的方式上，学校主要采用课堂讲授，这种教育方式虽然具有便于集中、教学效率高的特点，但是单向的知识传授方式也有其弊端。大学生的主观能动性没有得到有效的发挥，师生之间缺乏足够的互动与交流，大学生参与度不高。参观警示教育基地、建设文化长廊、设立校园宣传展板等教育方式更容易被大学生广泛认可，但实际上这些形式应用得较少，导致理论传授与实践缺乏有效衔接，大学生缺乏积极性（见图 6）。

此外，值得关注的是，统计结果显示，大学生希望学校从经费、制度、师资等方面给予重视，加大廉洁教育力度，营造良好的廉洁教育环境。高校可通过设立专门的廉洁教育课程，借助“两微一端”

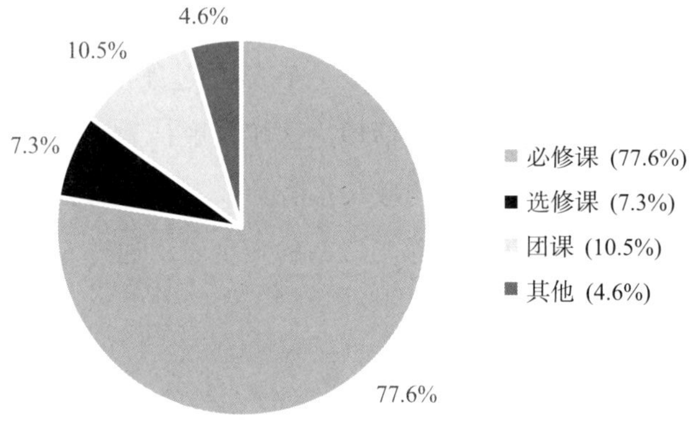

图 6　大学生廉洁教育的方式

（微信、微博和客户端）等融媒体渠道，创新教育内容和方式方法。这充分说明大学生对廉洁教育的效果不够满意。

4. 大学生普遍认可廉洁教育的必要性

大学生对廉洁教育必要性的认同度较高，58.5%的大学生认为“很有必要”，28.2%的大学生认为“有必要”，两项比例之和达到86.7%。这说明大学生普遍能够认识到自身作为国家未来建设的中坚力量，在接受专业技能培养的同时，应当具备廉洁的道德素质。少数大学生对廉洁教育持“没有必要”的观点，这从另一方面说明了当下高校对廉洁教育的重视程度不够、宣传力度不足，或没有将这种重要意义充分传导给大学生（见图 7）。

（三）当前大学生廉洁教育取得的成效

通过分析调研问卷，我们对东部、中部、西部样本高校的大学生廉洁意识状况和廉洁教育情况有了较全面的了解。以此为基础，对新时代大学生整体廉洁意识和开展廉洁教育的情况进行推论，笔者认为，新时代大学生廉洁教育已迈出坚实步伐，并取得了一定成绩。

1. 大学生对廉洁教育的认同度有所加强

2007 年，教育部下发的《教育部关于在大中小学全面开展廉洁

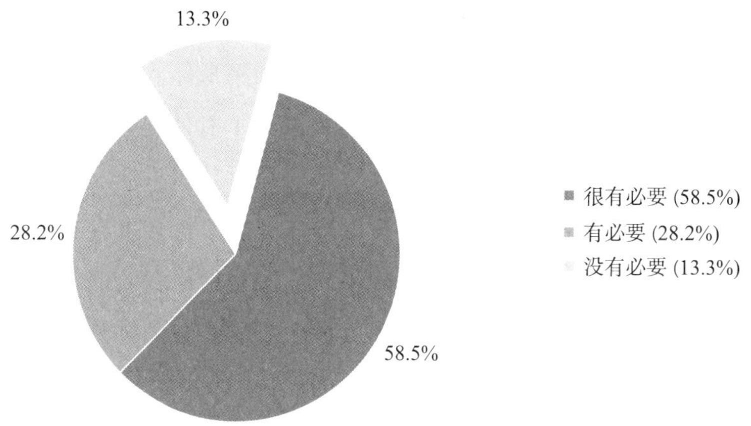

图 7　大学生对廉洁教育必要性的认识

教育的意见》明确指出，从 2007 年起，在全国大中小学全面开展廉洁教育。不少高校都自行编写了大学生廉洁教育教材，积极开展了很多有益的廉洁教育实践活动，大学生对廉洁有了较为全面的认识，对腐败的形式和危害有了较为深刻的理解，对开展廉洁教育的必要性和重要性比较认同。通过分析调查问卷和整理访谈、座谈记录，笔者认为，大多数大学生对廉洁这种基本的道德品质持正面积极态度，能够认识到廉洁是公民基本道德素质之一，能够认识到廉洁是做人的基本准则，能够认识到腐败的不良后果，愿意同腐败现象作斗争，能够认识到自身也应当作为接受廉洁教育的主体。

大学生普遍认为在新时代开展廉洁教育对其自身价值观的塑造、思想道德的提升具有正向作用，能够认识到廉洁教育对强化自身理想信念、树立正确的价值观以及正确应对不良价值观的影响将发挥重要作用。大学生乐于参加各类廉洁教育活动，对校园、社会整体廉洁文化氛围比较向往。新时代大学生对廉洁教育必要性的肯定和思想觉悟的提高，为后续持续深入开展廉洁教育活动打下了良好的基础。

2. 大学生廉洁意识有效提升

随着德育课程、思想政治教育课程和近年来部分学校专设的廉洁教育课程的开展，大学生的廉洁意识得到了有效提升。通过问卷调查和座谈，笔者发现，大多数大学生能够保持积极向上的道德追求，在学习、生活中恪守廉洁自律的准则。对于社会上存在的腐败现象和行为，大多数学生表示不仅不认同并且愿意以实名举报等形式向有关部门反映，总体上反映出大学生抵制腐败的强烈主观意愿和对风清气正的廉洁社会环境的向往。

大部分学生能够正确认识廉洁的内涵，能够认识到学生中的一些不良行为已经背离了道德准则，并能够主动对这些行为说“不”。在访谈中笔者还了解到，绝大多数大学生对自身离开校园走入社会后仍能践行廉洁行为表示出较大的信心。这说明大学生廉洁教育对大学生思想产生了积极的引导，良好的校园环境也为大学生由“知廉”到“行廉”营造了有益氛围。

3. 廉洁教育初见成效

习近平总书记强调，培养社会主义建设者和接班人，是我们党的教育方针，是我国各级各类学校的共同使命①。高校作为高等人才的培养场所，近年来，在教学内容、教育方式、师资队伍建设方面进行了诸多探索。有的学校将廉洁教育纳入思政课教学，在“思想道德修养与法律基础”等课程中加入有关廉洁的教育内容来提升大学生的廉洁意识；有的学校开展专题讲座，邀请社会廉洁代表人物等对学生进行廉洁专题教育，取得了较好的效果；有的学校开展廉洁主题书画展、廉洁主题演讲比赛、廉洁主题辩论赛等，在活动中增进大学生对廉洁的认识；有的学校建立廉洁社团，发挥学生自

① 习近平. 抓住培养社会主义建设者和接班人根本任务　努力建设中国特色世界一流大学［N］. 人民日报，2018-05-02.

主性开展廉洁理论研究、调研和宣讲等活动，将廉洁教育与专业教育紧密结合起来，开展既具有专业性又具有廉洁教育色彩的活动，学生反映效果良好；有的学校专门建设了廉洁文化景观，形成了良好的廉洁教育氛围。

总之，一系列的实践活动产生了一批优质成果，吸引了广大师生的参与，也积累了一定的宝贵经验，大学生廉洁教育的开展已经初见成效，大学生廉洁意识有了一定的提升。

二、新时代大学生廉洁教育存在的问题

党和国家对大学生廉洁教育的关注度越来越高，人们对大学生廉洁教育的重要性认识日益加深，尤其是在2007年教育部明确要求在大中小学开展廉洁教育以来，很多高校都作出了有益的尝试，取得了一定的进展和成就。但从调查问卷和访谈、座谈的情况来看，存在的问题仍然不少，我们必须客观科学地看待这些问题，从而进一步解决问题，不断提升新时代大学生廉洁教育效果。

（一）大学生廉洁教育队伍建设不到位

廉洁教育队伍建设是实现大学生廉洁教育持续发展的关键因素，廉洁教育队伍的能力和素质关系大学生廉洁教育的质量。从目前调研的情况来看，虽然大学生廉洁教育队伍建设取得了一定成效，但是师资力量不足、专业化程度不高、师资队伍结构不合理等问题依然存在，这些给大学生廉洁教育的后续发展带来了较大影响。

1. 师资力量不足

开展大学生廉洁教育的最佳方式是通过专业课程的形式，配备专业的教师、设置专门的课时进行讲授。但在实际操作中，由于目前大多数高校并没有将大学生廉洁教育设置为专业课，专业的教学团队更是无从谈起。从目前了解的情况来看，高校能够并且已经独

立开展廉洁教育的方式主要是思政课和专业课的课程思政，能够讲授廉洁教育内容的人员主要是思政课教师和专业课教师。但在实际情况中，廉洁教育并不作为思政课教师必讲内容，因此，这个内容的授课往往是在某一个章节或专题中，并不具有系统性，随意性较大。

同时廉洁教育与思想政治教育并不完全相同，需要教师专门投入精力进行备课，不同的专业课教师都有自己承担的教学任务、科研任务，难以再有精力专门开展廉洁教育课程，这导致思政课教师在讲授廉洁教育理论时效果不佳。专业课教师虽然可以通过课程思政的形式讲授部分廉洁教育的内容，但是显然不能成为大学生廉洁教育的主力军。在这样的情况下，大学生廉洁教育的师资力量就显得较为薄弱，很难达到预期的教育效果。

2. 专业化程度不高

当前高校开展廉洁教育的主要力量是思政课教师、专业课教师、学工队伍以及部分学生干部，他们目前存在的共同问题是专业化程度不高。思政课教师是这个群体中相对专业的人员，但从实际情况来看，思政课教师往往依托思政课，当其中某一章节涉及廉洁内容时才进行讲授，或者将有关知识点集中起来做一次专题讲授，内容不系统，时间安排也具有不确定性，同时不同教师自身对廉洁教育研究的深度和广度不同，在授课时效果差别较大。

从其他专业课教师来看，虽然不少高校按照教育部的规定已经开始探索进行课程思政，但是很少有专业课教师利用课程思政进行廉洁教育。将专业知识与廉洁教育有机结合，这种结合对专业课教师的要求也比较高，如果没有对专业课教师进行一定的培训，增强他们自身的廉洁素养，很难实现由专业课教师主导开展廉洁教育。

学工队伍涵盖了辅导员、心理咨询教师、党团组织指导教师等群体，他们与学生接触最多，关系最为密切。如果说专业课教师对大学生廉洁教育侧重于理论的指导，那么学工队伍则侧重于及时发现问题、解决问题，在实践中不断提升大学生廉洁素养。但事实上，学工队伍在科学合理地开展廉洁教育上基本没有受过培训，对廉洁教育内容是什么、如何开展、如何评价教育效果等问题，学工队伍自身尚没有全面的认识，对学生开展教育则更是困难重重。

学生干部作为学生自主管理的主要群体，他们本身就是需要给与重点关注的对象。从目前来看，学生干部自身也是大学生“微腐败”的重灾区，因此，由他们在学生中开展廉洁教育还须进一步摸索。加强学生干部廉洁教育，使他们成为学生的表率，在保持廉洁方面起到模范带头作用，是廉洁教育的方式之一。但就目前掌握的情况来看，很少有高校能够专门对学生干部进行有针对性的廉洁教育，这也在一定程度上导致学生干部不仅没有发挥自身在廉洁教育中的作用，有时甚至因为自身缺乏廉洁意识，反而成了不廉洁行为发生的主体。因此，从总体上看，能够开展大学生廉洁教育的群体自身的专业技能没有得到全面的培训，导致自身专业素养欠缺，这必将对开展大学生廉洁教育造成不良影响。

3. 师资队伍结构不合理

大学生廉洁教育师资队伍应当包括思政课（或专门的廉洁教育课程）教师、专业课教师、学工队伍中的部分教师等。其中，由思政课（或专门的廉洁教育课程）教师负责开展廉洁教育的基础理论研究和承担主要的廉洁教育课程；专业课教师通过课程思政的形式将专业知识与廉洁理论有机结合，主动尝试开展具有专业特色的廉洁教育；学工队伍则主要负责通过在日常工作中及时发现大学生“微腐败”“小贪污”的苗头、抓好学风考风等的建设，针对大学生的困惑及时提供适当的帮助。但在实际情况中，由于大多数高校廉洁教育的独立师资队伍尚未建立起来，大学生廉洁教育大多由思政课教师来开展。虽然廉洁教育本身就是思政课的重要内容，但是思政课教师的主要精力必然还是放在原来自己所讲授的内容上，不能成为专业化、职业化的廉洁教育课程专任教师。

专业课教师由于没有受过专门廉洁教育的培训，更是难以主动、独立地开设廉洁教育课程，他们无法成为廉洁教育师资队伍的有效补充；学工队伍中辅导员、党团组织指导教师和心理辅导教师同样因为缺乏专业培训，开展廉洁教育的能力有限。虽然廉洁教育已经引起党和国家的高度重视，但是由于种种客观原因，师资队伍中实际能发挥作用的只有思政课（或专门的廉洁教育课程）教师、专业课教师以及学工队伍中的部分教师。这个团体中，从事科研开发、课程讲授、社会实践等的教师的分工也不明确，导致廉洁教育的师资队伍结构不合理，这在一定程度上制约了廉洁教育的正常开展。

（二）大学生廉洁教育体制不完善

大学生廉洁教育越来越引起党和国家的重视，近年来也得到了快速发展，但是从教育内容来看，还存在内容陈旧、分散，没有明确的教学计划，缺乏评价标准等问题。

1. 内容陈旧、分散

大学生廉洁教育本身涵盖的内容很丰富，如道德层面的勤俭朴实和诚实守信、反腐倡廉法律法规以及理想信念等。但就目前各高校开展廉洁教育的情况来看，由于廉洁教育较少单独成为一门课程，廉洁教育的内容往往是分散在思想政治理论课的教材中，并没有形成体系。部分已经独立开设廉洁教育课程的高校大多采用的是自编教材，自编教材在内容的严谨性、合理性、全面性等方面都还有一定的欠缺。

以江南大学为例，该校为提升新时代大学生廉洁意识，深入挖掘思政课所蕴含的廉洁教育元素开展廉洁教育，如在“形势与政策”课中讲授如何看待当前反腐败形势、回顾反腐败历程，重点讲授“马克思主义基本原理概论”“毛泽东思想和中国特色社会主义理论体系”中的相关章节，加强大学生廉洁教育。这样的教育方式取得了一定的实效，但也存在廉洁教育的时间较为分散、内容连贯性不强等问题，很难引起大学生长时间的持续关注，也影响了对该部分内容的深刻理解。

此外，虽然有不少大学自主编制了大学生廉洁教育读本，但内容侧重点不同，总体上倾向于简单的理论说明和案例分析，对理论的深入阐述较少，大学生无法全面系统地掌握相关理论。

从对已经接受过一定廉洁教育的学生进行访谈的结果来看，大部分学生反映对廉洁教育的内容不满：其一，内容陈旧。新时代大学生群体自我意识较强，易于接受新生事物，他们是开放性、多元化新媒体的拥趸，其思维活跃，视野开阔。目前廉洁教育的内容未能从大学生自身发展和心理特点出发，契合新时代特点，及时增加有针对性的教育内容，显得泛泛而谈、单一枯燥，既脱离了大学生学习生活实际，也无法和学生专业学习相结合，难以和学生产生共鸣。其二，内容分散。学生普遍反映，接受到的廉洁教育的内容分散在思政课教学的各个科目和不同章节中，往往是这个章节讲到一部分，另一个章节又讲到一部分，不具有系统性，因此很难引起学生重视，学生缺乏完整的了解。其三，内容单一。从目前情况来看，高校廉洁教育往往以党和国家在党风廉政建设与反腐败斗争方面的政策宣讲或理论讲解为主，内容相对单一，显得枯燥无味。中华传统文化中的廉洁典故、经典原著中廉政建设的基本理论、新时代反腐倡廉的新举措和新事例等内容没有及时地充实到大学生廉洁教育内容中去，因此，大学生廉洁教育的内容较为单薄，显得不够丰富（见图8）。

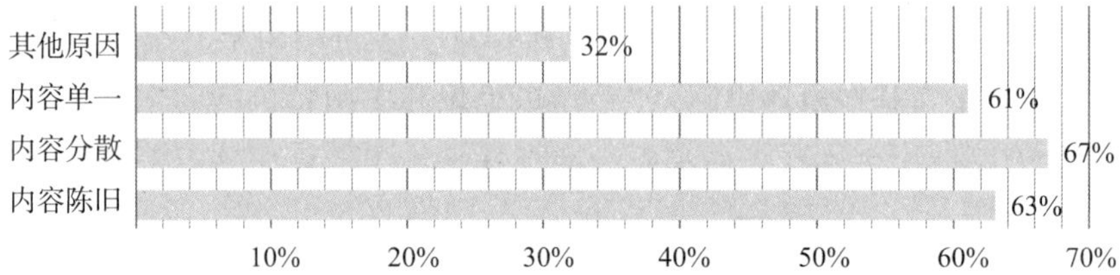

图8　大学生对廉洁教育的内容不满的原因

2. 没有明确的教学计划

目前，大学生廉洁教育尚无明确的教学计划：一方面，廉洁教育的系统课程在高校尚未建立，课程的开设和讲授呈现分散的特点，彼此之间缺乏整体科学的规划，在开展的时间和途径上呈现碎片化、阶段化的特点，教育内容不够连贯，针对性不够突出，不能够形成系统稳定的教学体系。而已知的开设有廉洁教育相关课程的院校，其教学计划和教学管理仍相对简单，一般采用的是自编教材，缺乏统一的标准。另一方面，大学生廉洁教育是一个多方参与、影响因素众多的过程，只有参与其中的各个要素合理优化，有序运转，才能构建一个较为完善的教育体系。目前高校尚未有效调动学校各个部门之间的协同作用，常常将大学生廉洁教育归为某一部门的职责范围，并没有上升至学校层面将其固定下来，同向发力作用发挥不充分，教育的效果大打折扣，许多时候只是流于形式。

3. 缺乏评价标准

思想政治教育的过程，总的来说分为确定目标、制订计划—实施影响、促成转化—信息反馈、评估反馈三个阶段。大学生廉洁教育想要取得较好的效果，需要有相应的评价反馈，如果缺乏这一环节，就无法形成教育的闭环。通过评价及时对原有教学方案、教学内容等进行反思和调整，才能达到预期效果。

从目前调研的情况来看，大学生廉洁教育并没有评价标准，其一，大学生接受廉洁教育不具有普遍性、稳定性，部分试验性开设廉洁教育课程的学校大部分将该门课程作为考查课，以开卷考试等形式作为主要考核方式，难度普遍较低而且考核方式单一，很难看出教育的真正效果；其二，没有形成相应的跟踪机制，高校的关注点往往在是否开展廉洁教育和如何开展廉洁教育上，对于教育效果的后续跟踪，比如对刚离开校园的毕业生在入职后的廉洁意识和践行廉洁行为的情况，没有及时地反馈、分析。

（三）大学生廉洁教育方法不丰富

教育方法是教育者在开展教育实践中所采用的方式和手段的总和。大学生廉洁教育目标的实现与开展廉洁教育的方法密切相关。目前，大学生廉洁教育方法仍存在课堂教学以理论灌输为主、教育方式相对陈旧、缺乏分层分类指导等问题，给大学生廉洁教育的有效开展带来负面影响。

1. 课堂教学以理论灌输为主

从调查问卷和访谈、座谈情况来看，目前高校大学生廉洁教育主要通过“思想道德修养与法律基础”“形势与政策”等思想政治理论课程或者个别选修课来开展，但这类课程往往课时有限，开课时间集中，不能形成持续连贯的系统教育。目前高校廉洁教育的课堂教学往往以理论灌输为主，虽然这种方法能快速全面地将有关廉洁的理论知识传授给学生，但是相对比较枯燥，对学生的吸引力不强。

根据访谈了解的情况，大学生认为教学手段单一是造成对廉洁教育兴趣不浓的主要原因，大学生普遍反映播放警示影片、开展场景教学等形式更容易被接受。此外，还有大学生提出，希望通过网络教学、微课教学等形式延长教学时间，实现无间断教学，以便于大学生随时随地接受廉洁教育。

在调研和访谈中，笔者了解到绝大多数的大学生希望能够以多种形式开展廉洁教育，尤其是开展与廉洁教育契合度较高的主题活动更容易引起他们的兴趣。但是从实际情况来看，参与调研的学生中有64.3％的学生认为学校经常开展与廉洁教育相关的主题活动，还有14.4％的学生认为学校很少开展与廉洁教育相关的主题活动，这说明大学生希望廉洁教育活动形式更加丰富多彩，而目前学校开展廉洁教育的形式尚不能满足大学生的需求（见图9）。

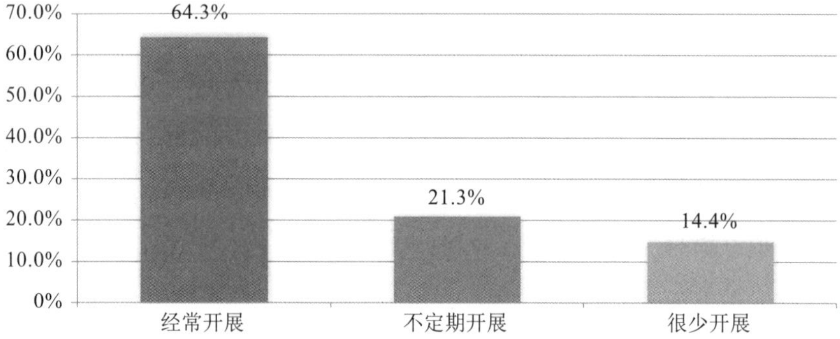

图9　大学期间与廉洁教育相关的主题活动开展情况

2. 教育方式相对陈旧

新时代的大学生具有自身的特点，他们接受能力强、对新生事物感兴趣、自主能力强，同时他们是网络的生力军，因此，他们对慕课、情景教学、现场教学等更容易产生共鸣。反之，他们对传统的以理论灌输为主的课堂教学相对反感，容易产生逆反情绪。调研结果也反映出大学生普遍对当前开展廉洁教育的方式表示不满，认为教育方式较为单一，他们更喜欢通过课外实践、情景教学等方式接受教育。

3. 缺乏分层分类指导

目前高校廉洁教育通常是统一在某个阶段进行，基本上对所有的学生一视同仁，没有针对性地开展廉洁教育。但是应当引起注意的是，学生分为几个不同的类别，如学生党员、学生干部、普通学生等，他们表现出不同的特点，应当给予不同的关注。学生干部就是我们需要特别关注的群体。最近，网上曝光了某高校学生会学习部部长在群里的聊天记录：一位不知名的学生干部发出消息，称中秋节到了，让大家每人给学生会主要领导干部发一条祝福短信，以展示他们部门的风气，并且特别提醒，发短信时要注意称呼。

据学生反映，某些学生干部存在“拉票”“拉帮结派”等行为，这些行为大多违反道德规范而不违反法律法规，通常都是非物质性的，表现形式多种多样，形成了当前高校学生干部中特有的“微腐败”现象，这应当引起我们关注。学生会本身应该成为学生开展各项活动的组织者，并且应当吸纳品行良好、乐于助人的同学参与。但在实际情况中，由于缺乏有力监管和指导，有的学生会演变为学生权力等级意识的启蒙地。我们应当在适当的时候以适当的方式对学生干部进行更多的廉洁教育。

（四）大学生廉洁教育知行不统一

从调研结果来看，大学生对何为廉洁行为认识比较到位，但是对如何做到廉洁显得有些迷茫；对腐败行为认识比较到位，对为什么会产生腐败则认识模糊；对自己坚守廉洁底线认识比较到位，对亲朋好友的不廉洁行为思想容易摇摆，整体上表现出知行不一的情况。

1. 大学生对产生腐败的原因认识模糊

大学生对腐败行为普遍不认可，也能够分辨出腐败行为，但是对其产生的原因存在模糊认识。在座谈中笔者发现，大学生对于腐败产生的原因，或归于个人意志不够坚定、缺乏相应的教育引导，或归于监督、惩处力度不强，腐败成本过低等，但很少有学生能够从理想信念的缺失、多元价值观的影响、资产阶级腐朽思想和封建思想的侵蚀等角度认识问题。

这说明大学生对腐败产生的原因虽然有了一定的客观认识，尤其是对直接导致腐败的原因的感性认识较为全面，但是对于深层次的理性认识，如理想信念、价值观等方面的认识还显得较为浅薄。我们在开展大学生廉洁教育时应着重帮助他们认清当前腐败现象产生的根源，同时帮助他们深刻理解全面从严治党重大战略部署的必要性，提高大学生理性认识腐败现象的水平（见图 10）。

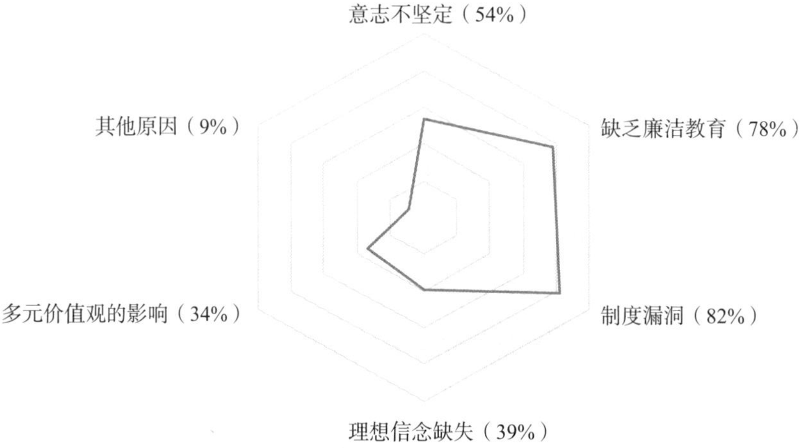

图 10　大学生对产生腐败的原因的认识

2. 大学生崇尚廉洁、知行合一的契合度不高

在调查和访谈中笔者发现，大学生对腐败行为的认知整体较好，但容腐现象需要引起重视。大部分大学生在理论上都赞同需要有正确的人生观、世界观和价值观，也表示会坚守底线，抵制腐败行为。但是在实际情况中，当一些腐败、不廉洁的行为出现在自己身边时，大学生有时却表现出回避、漠视、理解和包庇的态度。

当问及对当前社会腐败现象的态度时，52.4%的大学生能够明确立场，对不廉洁行为持坚决否定态度。但我们也发现仍有 8.7%和 1.8%的大学生对腐败现象抱有“可以接受，但不会同流合污”“无所谓，必要时可以这样”的态度，这些消极错误的态度势必会对大学生的道德选择和理性判断产生不良影响，使其在步入社会后放松对自身的要求，容易受到不良风气侵蚀（见图 11）。

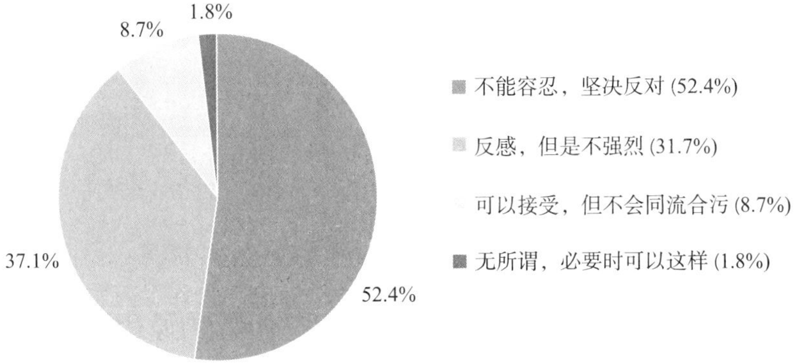

图 11　大学生对当前社会腐败现象的态度

另外，在调研中笔者发现，大多数大学生都能够认识到办事送礼是不对的，但是当自己的亲朋好友这样做的时候，部分大学生能够旗帜鲜明地反对，还有一部分大学生表示“能够理解，但不赞同”，甚至还有极少数大学生表示“这是人之常情，办事就需要这样”。

调研数据显示，在看待父母、亲戚、朋友因谋取个人利益而送礼、拉关系时，仅有 39.5%的大学生表示“反对”，30.1%的大学生表示“无可奈何”，27.9%的大学生表示要“看具体情况”，甚至有极个别大学生表示“赞同”（见图 12）。这说明大学生对待这个问题的态度和对待社会腐败现象的态度并不相同，大学生坚守崇尚廉洁的信念不够坚定，尚未转化为坚定的道德信念。他们的廉洁意识和反腐败观念仅仅停留在道德准则的表层，即知道什么是对的，什么是错的。大学生应时刻规范自己的言行举止，带动周围的人坚守廉洁底线，同时要旗帜鲜明地与腐败行为作斗争，这需要我们对大学生进行深入持续的廉洁教育。

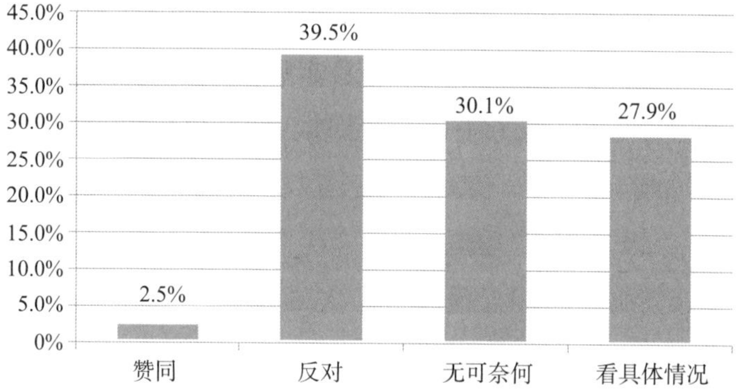

图 12　大学生对送礼、拉关系谋取个人利益的态度

三、新时代大学生廉洁教育存在问题的原因分析

（一）对廉洁教育的重要性和必要性认识不足

从调研情况来看，虽然大学生自身以及教师、学工干部等都认识到廉洁教育的重要性和必要性，同时他们普遍认为廉洁教育的开展有利于促进大学生廉洁意识的养成，有利于促进大学生成长成才，有利于大学生进入社会后抵制腐败。但是廉洁教育工作力度仍显不足，主要体现在大学生对廉洁教育的对象认识不全面、对廉洁教育的内容认识不全面以及高校未进行廉洁教育的顶层设计几个方面。

1. 大学生对廉洁教育的对象认识不全面

从调研的情况来看，目前不少大学生对廉洁教育认识还不够全面，这种不全面主要体现在对廉洁教育的对象认识不全面和对廉洁教育的内容认识不全面上。

一直以来，腐败被认为只发生在各级党政机关、企事业单位的领导干部身上，与普通老百姓没有太大的关系，与大学生相距更是遥远，这是社会上的一种普遍观念。

据媒体报道，山东省济南市教育部门计划在小学五年级、初中一年级、高中二年级以及大中专学校开设廉洁教育课程，针对这一做法，众说纷纭。一些家长甚至认为，对学生开展廉洁教育实属搞错了对象。我们可以从调研结果中明显看出，99.1%的大学生选择政府官员作为廉洁教育对象，80.5%的大学生认为自身也是廉洁教育的对象（见图 13），这说明更多大学生仍然认为政府官员接受廉洁教育的重要性和必要性高于自身，这与我们期待的大学生整体认为自身同样需要接受廉洁教育的目标还有一定差距。

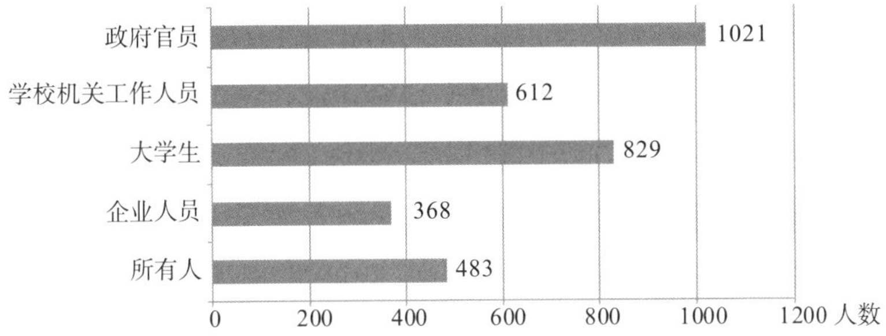

图 13　大学生对廉洁教育的对象的认识状况

2. 大学生对廉洁教育的内容认识不全面

大学生对廉洁教育的内容认识不全面也是导致大学生对廉洁教育的紧迫性、必要性认识不足的原因。从调研结果我们可以看出，目前，仍然有部分大学生认为，大学生不具备反腐败的能力和机会，因此对大学生开展廉洁教育完全没有意义。但是事实上，在大学生中还是存在少数的“微腐败”现象，这主要体现在学生干部的竞选、奖学金的评定、生活补助的领取等各个方面。这些问题的存在其实是因为大学生对廉洁教育的内容把握不够全面，将廉洁片面地理解为不贪不腐，而没有认识到理想信念教育、自律忠诚教育、诚实守信教育等也是大学生廉洁教育的重要内容。这样的认识偏差，必然会导致大学生认为自身离腐败还很遥远，也没有机会腐败，从而对廉洁教育的重要性和必要性认识不足。

当被问到身边是否有同学为了入党或当学生干部而采取不正当竞争手段这一问题时，31.9%的大学生认为“有，情况很少”，58.9%的大学生表示“不了解”（见图 14）。当问到身边是否有同学隐瞒家庭真实情况伪造证明，获取生活补助时，26.8%的学生认为“有，但很少”，30.1%的学生认为“没有这种情况”。这说明在学生入党或干部评选过程中还是存在不正当竞争的情况，大学生为了获取生活补助也存在伪造证明等情况（见图 15）。

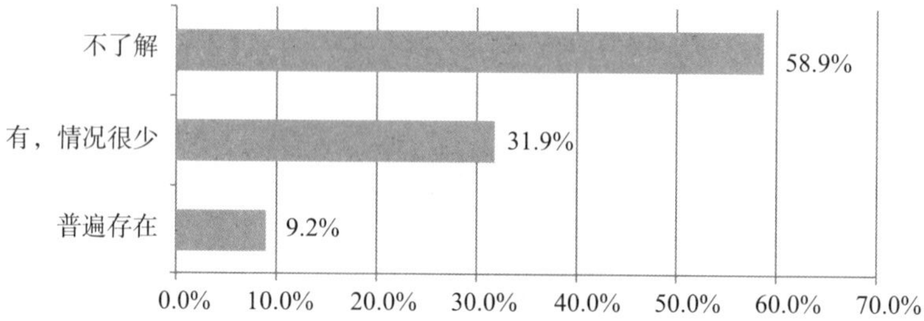

图 14　大学生对不正当竞争的认识情况

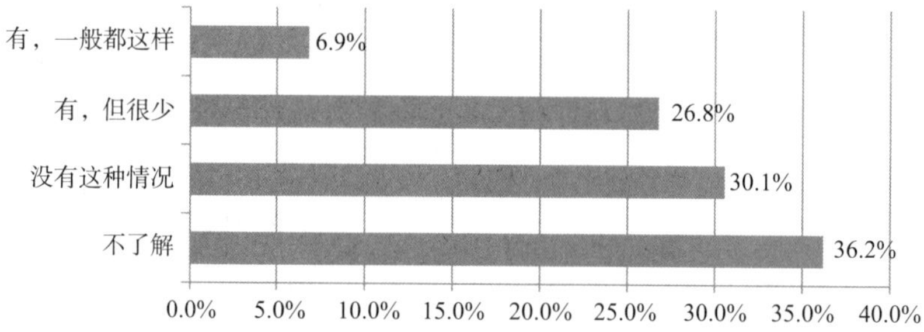

图 15　大学生对伪造证明的认识情况

3. 高校未进行廉洁教育的顶层设计

大学生廉洁教育需要有一个整体的规划，除了中央层面的高度重视和教育部的统一要求外，在具体实施中，还需要有学校的全面部署。作为大学生廉洁教育的具体实施单位，有的高校认为大学生廉洁教育主要是社会的事，只要整个社会的廉洁环境良好，大学生自然会重视廉洁，自身的廉洁素养也会得到提升；有的高校认为廉洁教育的主要对象是掌握权力的国家工作人员，学生无权无钱，与腐败相隔甚远，无须将他们作为廉洁教育的重点对象。不管出于哪种原因，高校对大学生廉洁教育的重视程度不够，自然难以对其进行合理规划。

大学生廉洁教育是一项多方参与、影响因素众多的系统工程，只有参与其中的各个要素有序运转，才能构建一个较为完善的教育体系。从调研情况来看，大学生廉洁教育目前仅仅是在思政课中穿插讲授的内容或者以入学教育、宣讲会等形式开展的教育活动，想要成为专业教育，需要高校进行顶层设计、统一规划。目前大学生廉洁教育尚未在制度层面固定下来，同频共振、同向发力作用发挥不充分，教育的效果大打折扣，许多时候都是流于形式。我们只有通过完善大学生廉洁教育的顶层设计，科学、系统地配置教育要素，建立健全大学生廉洁教育工作运行机制，才能使廉洁教育在制度的规范下科学实施，既立足当前、直面问题，有效解决存在的问题，又着眼长远，确保不断深化推进。

（二）受多元价值观、网络和传统观念的持续影响

随着社会的不断进步和发展，国际交流进一步加深，各个国家之间的联系也愈加紧密，与此同时，国际国内环境也更加错综复杂。多元价值观的影响给我国高等教育带来了挑战，网络的快速发展带来的各种冲击以及中华传统文化中的某些观念也给大学生廉洁教育的开展带来了负面影响。

1. 多元价值观的影响

随着经济全球化、信息网络化以及我国对外开放的不断深入，各种观念相互碰撞，多元文化相互交融，使得原本相对简洁单纯的

社会关系和思想观念受到了较大的冲击。各种不同类型的价值观互相影响，给我国社会主义主体价值观带来了挑战。西方国家对我国的文化侵蚀从未停止，它们试图通过电影、电视、网络社交媒体等多种形式影响大学生的价值取向。

与此同时，新时代的大学生好奇心强、乐于尝试新生事物，又善于主动获取信息，处于价值观的形成和定型期的他们，更容易受到多元价值观的影响。尤其是当拜金主义、享乐主义、实用主义等西方社会负面思潮来袭，大学生感到迷茫时，如果不能对他们进行合理有效的引导，大学生很容易人生态度出现偏差、理想信念产生动摇、廉洁观念受到冲击。

在市场经济的冲击下，一些党员领导干部由于没能坚持加强党性修养，在权力、金钱、美色等的诱惑面前，没能坚持底线，逐渐变得唯利是图、腐化堕落、贪赃枉法。虽然周围的人对这类现象普遍持否定态度，但也会有不问来由、只顾结果的“以富为荣”的想法，形成不良社会风气，从而影响大学生廉洁观念的养成。

2. 网络的快速发展带来冲击

网络的快速发展给人们的生活带来了极大的便利，推动了社会各项事业的发展，但同时也带来各种冲击。新时代的大学生作为主体意识强、乐于接受新生事物、参与性强的群体，他们习惯于在网络上获取信息，习惯于网络思维和网络语言，网络对他们来说是与外界交流的最重要的手段。中国互联网络信息中心（CNNIC）发布的《第44次中国互联网络发展状况统计报告》显示，截至2019年6月，我国网民规模达8.54亿，较2018年底增长2598万，互联网普及率达61.2%，较2018年底提升1.6个百分点；我国手机网民规模达8.47亿，较2018年底增长2984万。其中20—29岁年龄段的网民占比最高，达 24.6%。我国网民群体中，学生最多，占比为 26.0%[①]。

以上数据更是明确地向我们显示了新时代大学生与网络的共生关系和对网络的极高依赖性，网络是他们获取信息资源、开展学习的重要渠道，同时，很多没有经过筛选的信息会给大学生带来困惑，如目前风靡的网络短视频、网络直播等就存在内容良莠不齐、格调低俗等问题，既污染了网络空间，也混淆了视听，容易使大学生迷惘。西方国家诋毁我国国家形象的事件时有发生，也会对新时代大学生的人生观、世界观、价值观造成负面影响。

3. 中华传统文化中的某些观念的影响

我国传统文化中既有舍生取义、克己奉公等积极、进步的思想精华，但也存在一些糟粕。中华传统文化中的执两用中、过犹不及等为人处世的观念，讲究不偏不倚。这些观念渗入大学生头脑，就会造成大学生漠视腐败行为，不能旗帜鲜明地崇尚廉洁。受这些观念的影响，即使在新时代，部分大学生也会将沉稳持重作为行事准则，将隐忍不发、明哲保身作为成熟的标准，往往不能够坚决抵制身边的贪污行为。

此外，中国社会历来重视人情世故，甚至还会推崇轻法重义。受这种“讲义气”文化的影响，在当代社会，默许亲朋好友违规违法、以权谋私的行为，也会被认为是“仗义”，反之会被认为是“无情无义”而被人排斥。这些传统观念会阻碍新时代大学生廉洁教育的深入开展。

中国封建社会盛行官本位思想。官本位思想是一种以官为本、

---

① 中国互联网络信息中心. 第 44 次中国互联网络发展状况统计报告，http://www.cnnic.net.cn/hlwfzyj/hlwxzbg/hlwtjbg/201908/t20190830_70800.htm.

以官为贵、以官为尊的价值观，主要体现为以官员的利益和意志为出发点、以是否为官和官职大小作为社会地位的衡量标准。中国两千多年的封建专制文化致使这种思想意识深入中国社会的层层面面①。官本位思想助长了用人腐败和为官腐败，败坏了社会风气。受其不良影响，大学生在学校也偶有仿效，如在学生会、社团等学生组织中重视等级划分等，这对大学生形成正确的廉洁观极其不利。

（三）有效的教育合力尚未形成

新时代大学生廉洁教育取得实效，大学生廉洁素养得到普遍提升是多方面因素共同作用才能达到的积极效果，学校教育、社会教育、家庭教育这三大关键性因素互相影响、三位一体才能形成教育合力。

1. 学校主体作用发挥不充分

学校作为开展大学生廉洁教育的主体，至少应当发挥三个方面的作用：其一，积极发挥自身对学生开展廉洁教育的主体作用，即要主动地开展各式各样的教育教学活动，加强大学生廉洁教育，逐步提高大学生廉洁意识；其二，积极发挥社会教育的作用，通过与企业、社区联合等形式，发挥智力优势，带动社会组织积极开展大学生廉洁教育；其三，做好学校教育与家庭教育的纽带，形成家庭教育与学校教育的合力。

就大学生廉洁教育这一具体实践而言，目前学校在积极发挥自身教育作用上确实作出了一定的探索，取得了一些成果，也尝试了一些新的教学实践，但在发挥自身纽带作用，积极推动社会力量上还有所欠缺。如在学生进入实习期后，学校往往把学生交给实习单

---

① 谭晓静. 政治生态视角下的反腐倡廉建设研究［D］. 青岛：青岛大学，2019.

位，认为自身完成了教育工作，该由实习单位继续对大学生进行专业化的实践培训并承担相应教育职责。大学阶段不仅是大学生学习专业知识的重要时期，更是他们形成独立价值观的重要时期，对他们的教育和关注，应该贯穿整个学生生涯，甚至应当延长至他们毕业就业后的一段时期。

此外由于目前高校学生数量众多，大学生又是相对独立的个体，本身与家庭的联系也逐渐减少，高校往往在学生出现问题时才与学生家长联系，平时的联系少之又少，客观上很难与家庭教育形成良性互动。总而言之，高校在大学生廉洁教育中起到了至关重要的作用，但是在进一步发挥自身主体作用，主动与社会、家庭对接上还存在一些问题，没有完全发挥出应有的作用。

2. 社会教育功能不足

社会教育也是大学生接受教育的重要渠道，狭义的社会教育是指学校和家庭以外的社会文化机构以及有关的社会团体或组织，对社会成员所进行的教育[①]，而广义的社会教育则指的是旨在有意识地培养人而开展的有益于人的身心发展的各种社会活动。

在开展新时代大学生廉洁教育时，笔者认为更应该采用社会教育的广义释义，这主要是因为大学生本身作为社会人，他们除了在学校和家庭外，大多数时间是在社会上活动。从社会实践阶段到毕业后进入社会工作，他们与社会的联系越来越紧密，社会风气对他们影响很大。

笔者认为社会教育应当至少涵盖两个方面：其一，良好的社会环境。良好的环境能够熏陶人，构建崇尚廉洁的社会环境，有助于大学生提升自身廉洁意识，社会教育理应积极发挥自身环境育人的

---

① 沈春光. 科技创新人才成长规律与影响因素研究［J］. 科技信息，2012（4）：28-31.

功能，为大学生成长提供良好的社会氛围。其二，企事业单位、社区等诸多社会机构在大学生社会实践活动中应有所作为。目前大学生廉洁教育的开展主要依靠高校，大学生除了在校接受专业理论的教育外，社会实践也是提升其全面素养的重要渠道。在大学生参加实习、校外培训时积极发挥自身作用，帮助大学生树立良好的职业道德观念，同时将廉洁作为大学生职前教育的重要内容，社会机构责无旁贷。

总之，开展社会教育的主体机构，如文化馆、图书馆、博物馆、纪念馆等，在发挥自身社会教育功能、更好地开展大学生廉洁教育上主动性不强，方式方法不多，没有起到良好的推动作用。

3. 家庭教育作用弱化

家庭教育、社会教育与学校教育共同构成了育人的主要渠道，这三个方面本应目标一致，形成教育合力，更好地发挥教育的整体效应。但事实上，家庭教育往往是弱势环节。

在大学生逐渐成年后，家庭教育往往不再被认为是大学生接受教育的主要渠道，这样的认识失之偏颇。为贯彻落实习近平总书记关于“注重家庭、注重家教、注重家风”的系列重要指示精神，全国妇联、教育部、民政部等部门联合印发的《全国家庭教育指导大纲（修订）》要求关注家庭、家教、家风建设。这充分说明家庭教育在大学生成长成才中依然起着重要的作用。

父母是孩子的第一任老师，家庭教育是孩子接受的最早期教育，家庭教育应当贯穿孩子的一生，成为学校教育和社会教育的基础与延伸。但是，在现实生活中，家庭教育并没有发挥其应有的作用，在孩子进入学校尤其是进入大学后，家长会认为孩子的教育与自己关系不大，没有认识到教育需要合力。父母应将对大学生进行廉洁教育作为自身的责任，与学校和社会一起，为建设廉洁社会贡献自己的力量。

第四章　新时代大学生廉洁教育的经验借鉴

西方许多国家都很重视大学生廉洁教育，把大学生廉洁教育纳入国家教育体系。大学生廉洁教育成为世界反腐倡廉的重要抓手。2003 年 3 月，联合国大会通过的《联合国反腐败公约》对其缔约国提出要求：将廉洁教育作为中小学和大学课程在内的公共教育的内容。在世界性公约中明确地将大学生廉洁教育作为课程教育的重要内容，这显示出世界各国对大学生廉洁教育的高度关注。当下，在学校开展科学系统的廉洁教育已经成为全球共识，世界各国对大学生廉洁教育进行了各种探索，在理论上和实践上都取得了一定的成果。对既有成果进行总结分析，有利于我们吸取经验教训，更好地开展新时代大学生廉洁教育。

一、大学生廉洁教育的国外经验

对大学生这一特定群体开展有针对性的廉洁教育对世界反腐倡廉具有重要的意义。当前，受互联网的影响，人与人之间、社会与校园之间的联系越来越紧密，大学校园不再是一片净土，大学生很容易受到社会上一些腐败现象的影响，造成日益增多的校园廉洁问题。因此，对青年，尤其是对即将走进社会的大学生开展廉洁教育已经引起国际社会的普遍重视。开阔国际视野，借鉴他国的经验，有利于我们在实践中探索出适合我国国情的大学生廉洁教育模式。这对提升我国大学生廉洁教育的实效性具有重要作用。

（一）通过课程教学培育廉洁意识

尽管很多国家对学生开展了全国性的廉洁教育，但在高校中直接开设廉洁专门课程的并不多见。有些高校开设的廉洁课程，实则针对的是反腐败这一问题。比如纽约大学开设的“腐败和腐败控制”课程，哥伦比亚大学开设的“政治腐败与治理课程”等，虽然对腐败现象的研究以及促进反腐败都有积极作用，但课程覆盖面较小，对高校大学生的影响有限，其侧重点并不是培育学生的廉洁品质。而真正对高校大学生廉洁品质塑造起到关键作用的课程教育，大多是通过涵盖道德伦理、人文精神、宗教文化、民族文化等内容的通识教育、公民教育等来实现的。

1. 通识教育中的道德认知能力培养

源于古希腊自由教育思想的美国通识教育，在经历了一百余年的改革实践后，积累了许多可供世界各国高校借鉴的成功经验。美国通识教育以培养合格的人和公民为目标，尤其是德里克·博克担任哈佛大学校长的20年间，他一直致力于发展通识教育，主张在课程中注入道德思考，注重对学生道德认知能力的培养。他认为，大学生德育教育的根本目的就在于不断提升学生的责任心。因为美国人口中，几乎有一半人，包括公务员、商人、公众领袖、职员都要进入美国的大学或专业学院学习，大学生涯对其有决定性的影响。从这个角度来看，通过通识教育中的德育元素塑造学生的廉洁品质，也是一所大学应担负的基本社会责任。

如今，美国已有95%以上的大学开设通识教育课程，其中发挥德育功能的主要是兴起于20世纪六七十年代的应用伦理学，这一课程形式不局限于枯燥的道德说教，而是组织学生进行针对性很强的实际道德问题探讨，经过反复讨论以提高大学生的道德觉悟，从而使其避免在未来的职业生涯中陷入道德困境。

加拿大高校的通识教育同样十分强调教育的价值引领作用，注重对大学生人文精神及相关素养的培养。加拿大高校的通识教育覆盖面较广，涵盖了社会学、哲学、政治学、经济学、历史学、宗教学、人类学等学科。通识教育的目的既在于拓宽大学生的视野，启迪大学生的心灵与智慧，更在于通过相关课程的人文濡化，使大学生逐步建立起符合社会进步需求的思维方式和道德观念，从而成为能够为社会作出贡献的合格公民，其中自然包括了与廉洁相关的核心品质的塑造。

英国高校同样没有单独设置廉洁教育课程，但通过增加人文学科的比重，实现了与廉洁相关的诚实、正直、守法等价值观的渗透。教师凭借良好的道德与专业素养，通过法律、哲学、历史等人文学科的渗透作用，对学生进行间接的廉洁教育。

由于传统文化的同宗同源，新加坡高校国民教育科目对我国高校的借鉴意义可能更大。新加坡高校专门设置了儒家伦理教育科目，教材根据儒家的“孝、悌、忠、信、礼、义、廉、耻”进行编写，进而形成符合社会和时代需求的“八德目”。新加坡高校向大学生传达诸如秉公守法、清正廉洁等基本道德规范，让尚廉的意识深入大学生的思想观念之中，再通过一系列涉及新加坡历史国情的国民教育科目的开展，使大学生建立起国家意识和社会责任感，正确认识个人私利和公共利益之间的关系，逐步形成廉洁自律的道德品质。

2. 专业伦理课程对廉洁意识的培养

在通识教育及一般人文课程之外，也有高校专门开设专业伦理课程，以更有针对性地培养大学生的廉洁意识。加拿大高校将专业伦理课程作为专业主干课的重要部分，其涵盖了教育学、医学、经济学、心理学等大部分学科，要求大学生必须修习一定学分，从而对大学生提出严格的道德要求。以英属哥伦比亚大学为例，其开设的相关专业伦理课程超过30门，包括“伦理与教育”“商业与职业道德”“心理咨询伦理”“生物医学伦理”等。这些课程的设置既充分尊重了大学生的个体兴趣和职业规划，又促使其尽早树立包括廉洁意识在内的正确的职业道德观念和伦理道德观念。

3. 宗教教育承担的廉洁教育功能

探讨西方国家的高等教育尤其是德育教育，宗教教育是无法回避的。宗教教育在整个西方公民教育中占据着重要地位，西方高校通过宗教课程传递出的宗教理念也在相当程度上契合了廉洁教育所期望的价值追求，对学生廉洁品格的塑造起到了重要作用。比较有代表性的是德国高校的宗教教育。教会在德国高等教育中一直扮演着重要角色，其对高校事务的参与，既包括神职人员直接参与宗教课程的教义讲解，也包括学生食宿等事务性管理。德国高校一般不开设专门的德育课程，而是由宗教课程承担主要的德育功能，比如每周有2到4节的宗教必修课，同时学校也组织一些宗教仪式活动，通过这些课程和活动，将宗教教义中与廉洁相关的观念，诸如诚实、守信、正直等潜移默化地传递给学生。

4. 法治教育在廉洁教育中的关键作用

在对大学生开展廉洁教育的过程中，法治教育无疑起到了积极的推动作用。世界各国高校都普遍开设了法治教育相关课程。经过长期的课程改革和实践，各国高校的法治教育不再囿于单一的条文讲解和知法、守法意识的培养，而侧重于学生法律思维的养成。美国高校就是其中的典型代表，1978年，在伊萨多·斯塔的推动下，美国颁布了《法治教育法案》，以立法形式正式确定了法治教育的名称及定义。此后美国高校的法治教育在培养守法公民的目标之外，更加注重传授学生法律的批判性思维技巧，使其能够更成功、更有学识地在法治社会中行使职能①。其教学方法也大多为案例教学、模拟教学等，这促使学生的廉洁意识得以提升。

事实上，许多高校的廉洁教育在法治教育的范畴下都已经发展出相当成熟的模式。如英国的法治教育，正如他们的法律体系不限于成文法框架一样，没有统一的法治教育教材，教师可以自行设计教学内容，这更有利于提高教学的互动性、启发性。学校也常会组织各类与法治实践相关的活动，比如治安法院、刑事法院的模拟审判等，这既使学生对英国法律体系中关于贪腐的规定有了更深的理解，也使学生切身感受到法律的权威性、强制性，进而自然形成廉洁自律的意识和行为②。法国教育管理部门要求教师将法治教育作为一项重要职责，将传授法律知识作为神圣的任务，教育引导学生建立牢固的是非观念和法治素养。日本高校除了培养学生作为公民应具备的基本法律素质外，还针对不同专业开设法治教育课程，使学生在将来进入各个行业时都能够自觉做到遵纪守法、廉洁自律。

（二）通过实践活动养成廉洁行为习惯

20 世纪初，美国心理学家哈特肖恩和梅的品格教育研究成果表明，说教式的道德教育对品格塑造的影响微乎其微。长期以来，各国在对大学生开展廉洁教育的过程中，除了重视在教学过程中积极开展互动以外，还非常关注通过实践活动来提升大学生廉洁意识，鼓励大学生积极参加社会实践，在社会实践中锤炼廉洁品格，这对大学生廉洁观念的形成、廉洁行为习惯的养成更具有直接的效果。

---

① 帅颖．美国法制教育的历史演进及其启示［J］．武汉大学学报（哲学社会科学版），2014（3）：125-129.

② 胡于凝．大学生廉洁教育：英国经验及启示［J］．国家教育行政学院学报，2018（1）：75-80.

1. 英国的田野调查与创业实践

通过各种内容丰富、形式多样的实践活动对学生开展廉洁教育，是英国高校经常采用的方式。比如英国大学开展的田野调查，通过组织学生在不同地域、行业间实地走访，积极参加政府事务、社会活动、社区实践等，学生建立起对国家和社会公共事务的关注，养成诚实守信品格。创业实践也是英国高校经常开展的活动，其内容涉及劳动体验、职业指导等，在此过程中将核心的企业经营理念，如公开透明、诚实守信、合理合法等自然而然地传递给学生。此外，通过搭建与社会的合作平台进行廉洁教育也是非常有效的方式，比如英国很多大学都设有 AIESEC 分会，这是一个非营利性国际青年组织，为大学生提供商业实习和公益实践机会，再如牛津大学、杜伦大学等名校都是英国创业教育协会的重要会员，学生通过参加社会实践而得到全方位的锻炼，这对于其确立遵守法纪规则、崇尚公平正义、自觉诚实守信等廉洁核心价值观念是大有裨益的①。

2. 德国的政治养成教育

德国的政治养成教育由来已久，从 19 世纪前以传达宗教教义为核心，到如今以培养具有政治认同的公民为目标，《德意志联邦共和国高等学校总法》规定：教与学应当使大学生对某一职业领域活动有所准备，以使大学生能够胜任将来的科学和艺术工作，并能在一个自由、民主、法治的国家中具有负责的态度②。政治和教育的目标在此得到了统一，它们是相互融合的，德国非常注重通过社会实践来开展政治养成教育。德国大学生入校前往往会先参加一定时期

① 胡于凝. 大学生廉洁教育：英国经验及启示［J］. 国家教育行政学院学报，2018（1）：75-80.

② 汪宗田、傅安洲、阮一帆. 德国大学思想道德教育及其启示［J］. 思想教育研究，2011（4）：53-56.

的志愿服务，主要的形式包括服兵役和社会服务两种。兵役制度的执行实质上加强了德国大学生的民族认同感，这是一种以爱国主义为主要内容的间接廉洁教育，可以有效提升大学生的廉洁意识。学生选择最多的志愿服务是支教和社会福利工作，其中选择去非洲、欧洲东部、美洲和亚洲等地区参加国家志愿服务的占到相当大的比例，由此建立起学生良好的责任感和个人品格，通过这样深入和效果良好的志愿活动，不需要枯燥的说教，廉洁自律自然可以内化为大学生的行为模式。

3. 日本大学的服务性学习

服务性学习的理念源于美国，其将课程教育、志愿活动、公民教育有机融合为一体，这一理念在被引入日本之初就受到了高度重视，并迅速发展成为制度化的教育模式。早在 2008 年，日本就有80%以上的大学设置了专门负责提供志愿服务、组织实践活动的机构，而包括早稻田大学、立命馆大学、上智大学等在内的多所高校均建立了服务性学习中心。日本中央教育审议会在其 2012 年向文部科学大臣的建言中提出，需要从传统的满堂灌的课堂教育方式逐步转换到学生自己发现问题、解决问题的能动学习的方式，激发学生的认知、伦理及社会参与能力。大学的课程学习和人才的培养仅仅依靠校园是不够的，服务性学习等体验性学习对于提高大学生的学习能力、问题解决能力是非常重要的。在此理念的引导之下，日本大学生积极参与区域问题的解决和社会服务，大学生的社会责任感及公民意识显著提升，对社会和自我的认知不断深化，其成长为良好社会成员所必需的廉洁行为习惯随之养成。

4. 国际透明组织的廉洁教育项目

以推动全球反腐败运动为己任的国际透明组织（以下称“透明国际”）近年来在一些高校开展廉洁教育项目的有益尝试，也十分具有借鉴意义。如透明国际的分支机构透明哥伦比亚推出了“椅子”计划。该计划采用多元教学方式并使用案例，公共和私营组织的领导人、高校学者和学生共同参与。他们就商界和公共部门所面临的价值与道德挑战进行反思和讨论，促进学生理解道德判断的必要性和公共利益的概念。

但该项目也具有一定的局限性，主要体现在该项目由商业公司和高校合作，旨在帮助青年人在进入社会成为商业领导者时能够具有较高的社会责任感和伦理道德水平。因此，主办者的商业背景导致教育对象往往是将要从事商业活动的学生，覆盖面有限。透明国际意大利分会则通过在中学和大学举办研讨会，邀请当地平民反腐败英雄做演讲的形式，引起学生对反腐败话题的兴趣，增强他们抵御腐败行为的主动性，从而达到廉洁教育的目的。

（三）通过文化氛围引导廉洁观念

大学生的廉洁教育具有社会性、长效性的特点，要达到理想的教育效果，我们要重视与教学相关的教育实践。借助学校规章制度、文化活动、社会观念、廉政体制的引导，也是非常重要的手段。

1. 学校规章制度的引导

形成牢固的廉洁意识并养成廉洁行为习惯，既需要个体的自律，也需要他律。正如法国社会学家涂尔干指出的，纪律很大程度上有助于人格的发展，实质上也是一种不可替代的道德教育工具。因此，高校对各种规章制度的制订和严格执行，是一种将廉洁观念传递给学生的有效形式。西方高校的学生一方面在个人生活方面享有更多的自由，另一方面又受到学校纪律的严格约束。美国高校制订的学生守则可以看作大学生的权利、义务准则，其内容既包括关系学生健康、安全、福利、宿舍管理等方面的制度，也包括遵守联邦、州、地方法律的规定，同时也有极为严格的学术准则，对作弊、抄袭、剽窃等弄虚作假的学术失范行为，对大学管理者的失职行为，对败坏学校学术声誉的行为等都有相应的约束和处罚条款。

许多美国高校不设专人进行学生管理，将他律的纪律约束转化为学生自律的行为自觉。如斯坦福大学1921年制定了荣誉制度，所有新生入学时都要在制度誓约上签字，考试时校方没有专门的监考人员，学生须签字保证无作弊行为，一旦作弊被查实，则立即开除学籍。严格的纪律对学生产生的深刻影响，不仅会渗透到学生的日常在校生活中，也会促使其自然而然地将遵守纪律、接受约束、诚信负责的思维和行为方式带入今后的社会生活中。正是通过纪律的作用，学校将这些核心的廉洁理念牢牢渗入学生的观念和行为之中。

2. 文化活动的引导

新加坡高校非常重视通过校园文化建设引导学生树立廉洁观念。比如校园中陈列的孔子塑像、张贴的孔子语录，以及随处可见的儒家“忠、孝、悌、信、礼、义、廉、耻”的“八德目”，使学生在潜移默化中受到尚廉观念的影响。同时新加坡高校也注重通过校园活动传递廉洁理念，比如举行升旗仪式时，全体师生要齐念信约：我们是新加坡公民，誓愿不分种族、言语、宗教，团结一致，建设公正平等的民主社会，并为实现国家之幸福、繁荣与进步，共同努力①。这种以国家利益为先、以社会利益为本的理念，成为学生在今后的社会工作中始终保持廉洁作风的重要思想基础。

美国高校也同样重视通过仪式性活动进行价值观引导，尤其是美国一直以来就有借助各种节庆日、纪念日、纪念场所对公民开展国家认同教育、价值观教育的传统，如马丁·路德·金日、独立日、阵亡将士纪念日等，葛底斯堡烈士公墓、历史博物馆、华盛顿纪念

① 殷竹钧. 新加坡大学生廉洁教育的实践经验及其借鉴［J］. 东南亚纵横，2013（4）：71-75.

馆、林肯纪念馆等，通过这些活动激发学生的爱国主义热情，形成稳固的公民观念，引导学生追求廉洁奉公的人格品质，使廉洁观念深入学生内心。

3. 社会观念的引导

对世界各国反腐败斗争成功经验的学习借鉴和转化吸收，是我们赢得反腐败斗争胜利的坚实基础。通过对清廉指数较高国家和地区的反腐经验进行总结，我们发现，廉洁价值观的教化与引领在提升廉洁意识、抵御腐败中发挥了至关重要的作用。在一些清廉指数排行名列前茅的国家和地区，崇尚廉洁、反对腐败已经成为一种十分普遍的社会认同和道德传统，在这样的社会风气引领下，对大学生进行廉洁教育无疑会事半功倍。比如北欧各国的廉政成就世人公认，这很大程度上得益于全民认同和恪守的崇廉忌贪的社会文化、奉公守法的廉洁习惯。在丹麦，反腐作为不可逾越的公共道德底线深入人心，公权力来自民权的法治观念由来已久并根深蒂固，从普通民众到政府官员普遍具有平等意识、民主意识，官员的职务特权不被接受。

在芬兰，公民在初级学校主要通过学习社会学课程，在高中阶段主要通过学习法律知识来加强廉洁教育。如果进入公务员体系，公民则需要通过更为严格的考试，考试内容涉及腐败的相关理论。通过不同年龄阶段的持续教育，廉洁自律逐渐成为芬兰公民的自觉习惯和芬兰文化的重要组成部分。

4. 廉政体制的引导

廉洁教育对国家廉政体制的建设有积极的促进作用，而廉政体制的建立和不断完善也会反过来推进廉洁教育。西方国家在推进反腐倡廉、加强廉洁教育中，善于用法律法规来惩治腐败行为，注重通过监督机制来遏制腐败行为，从而达到净化社会风气，提升公民廉洁意识的目的。

新加坡的廉政建设成效一直备受推崇。新加坡政府一直将健全法律制度和坚决惩治腐败行为作为廉政建设的核心，通过宪法、刑法、防止贪污法、没收贪污所得利益法等核心法律法规建立起完善的廉政法律体系。在制度的执行上也尤为严格，无论是官员还是民众，在法律面前都一视同仁，甚至对高级官员触犯法律实行更严格的惩处①，以此建立起国民对法律的敬畏之心，培育新加坡的守法文化。新加坡官员廉洁意识普遍较强，绝大多数官员能够严于律己，通过政府官员的以身作则带动社会风气的持续向好，大学生在耳濡目染中廉洁意识自然不断增强。

欧美各国也普遍注重强化反腐倡廉法治建设和监督机制建设，如英国制定了公共机构腐败行为法、信息自由法案以及政府公职人员职责规则等法规；美国制定了政府道德法、对外行贿行为法、监察长法等；德国制定了联邦行政管理部门反腐败准则等。在监督机制建设方面比较具有代表性的英国，通过设立廉洁监督机构，如监察专员署、反重大欺诈局、行政裁判所等建立监督机制。设置这些行政机构的目的是保证行政工作人员在从事相关活动时能够廉洁奉公，避免腐败行为的产生。

借助媒体的宣传监督，同样是欧美国家廉政体制建设的重要一环，如透明国际英国支部除了支持透明国际的国际活动外，还十分关注本土腐败事件和寻求控制腐败的方法，围绕腐败问题开展调查并公布调查报告，如《腐败和洗钱问题报告》《国家廉政系统：国家年度廉政报告》等。为方便民众揭露腐败行为，澳大利亚支持民众通过免费热线电话、电子邮件等投诉或者提供新闻线索。美国给予

---

① 殷竹钧．新加坡大学生廉洁教育的实践经验及其借鉴［J］．东南亚纵横，2013（4）：71-75.

新闻媒体极大自由，积极发挥媒体的监督作用，及时将腐败问题通过媒体向公众公开，内容包括什么是腐败行为、政府是怎么处理的等，从而加深公民对腐败的认识，营造反腐败的社会氛围。这一系列措施既弘扬了廉洁风气又加强了警示效果，对大学生廉洁教育起到了很好的推动作用。

二、大学生廉洁教育的中国香港地区经验

中国香港地区从曾经的贪腐盛行到如今跻身世界最清廉地区之列，不仅在于廉政公署（ICAC）发挥了至关重要的作用，为香港特区政府积累了大量成功经验，同时也得益于香港地区从治理腐败根源着手长期开展的全方位、多层次的廉洁法治教育。内地学者对香港地区的廉政建设机制已经有过许多研究，而香港地区大学生接受廉洁教育的模式和有益经验，同样对内地大学生廉洁教育的开展具有积极意义。

（一）法治社会为大学生廉洁教育提供良好的外部环境

开展大学生廉洁教育是一项长期性、系统性的工程，它有赖于政府、社会、学校共同打造多渠道、多层面的教育平台，政府和整个社会的廉政建设、廉洁状况不仅对大学生有潜移默化的影响，更是最直观的教育素材。

1. *以廉政公署为核心独立开展活动*

香港地区从腐败走向高度廉洁，并且能够长期维持基本廉洁的局面，与香港廉政公署的成立密不可分。香港廉政公署是独立的反腐机构，原称为“总督特派廉政专员公署”。香港特别行政区廉政公署依法独立开展工作，履行维护香港公平公正和安定繁荣职责，采取执法、预防、教育三管齐下的方式，与全体民众携手肃贪倡廉。

从组织构架上看，香港特别行政区廉政公署由廉政专员领导，

下设行政总部和三个平级部门（执行处、防止贪污处和社区关系处），其中执行处、防止贪污处和社区关系处是香港特别行政区廉政公署的核心部门。香港特别行政区廉政公署的组织构架如下图所示①（后行政总部改为廉政专员办公室并增设国际合作及机构事务处）。

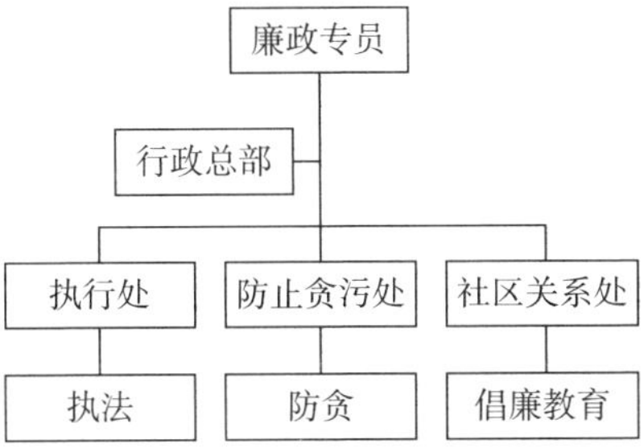

香港特别行政区廉政公署的组织构架

香港特别行政区廉政公署主要有以下职责：反贪职责，主要是通过接受举报、调查取证、拘捕犯罪嫌疑人、曝光贪污案件等方式进行；预防职责，主要完成调查分析、跟踪监察、发现制度漏洞并及时修正等工作；教育职责，主要有开展反贪教育活动、加强与社区的沟通联系、加强青少年思想道德教育等。可以说，香港能够拥有廉洁高效的公务员队伍，廉政公署功不可没。

2. 建立健全廉政法律机制

香港能在反腐倡廉、建设廉洁政府上取得成就，与不断完善廉政立法息息相关。香港的廉政立法开始较早，港英政府通过《刑事诉讼条例》来打击腐败，后来又制定了《轻罪惩罚条例》，但由于惩罚对象仅限于轻微的行贿行为，反腐败效果依旧不明显。后来港英政府又陆续制定了《防止贪污条例》《防止贿赂条例》《选举（舞弊

① 戴芳．香港廉政公署制度研究及对内地反腐倡廉建设的启示［D］．南京：南京师范大学，2014．

及非法行为）条例》《港督特派廉政专员公署条例》等多项法律规则，其中《港督特派廉政专员公署条例》对廉政公署的建立、使用经费、人事任命等作出了规定，赋予廉政公署相应的权力，为有效打击贪污腐败提供了制度保障。《防止贿赂条例》《选举（舞弊及非法行为）条例》和《廉政公署条例》后来被称为“廉政公署反贪三法则”①。通过一系列法律法规的制定与完善，香港逐步形成了相对完善的法律机制，这对香港反腐倡廉工作的开展起到了极大的推进作用。

3. 营造崇尚清廉的社会风气

香港在20世纪70年代前出现的严重腐败与社会规范混乱、道德和正义等价值观缺失、人文精神失落、人们心理错位等因素密切相关。因此，在进入治理腐败、加强廉洁教育时期后，港英政府极为重视社会整体清廉风气的营造。马丁·路德曾说过，一个国家的前途，不取决于它的国库之殷实，不取决于它的城堡之坚固，也不取决于它的公共设施之华丽，而取决于人们所受的教育、人们的学识、开明和品格的高下②。社会道德、社会良知的形成要靠长期的教化，需要民众整体道德素养的提升、社会整体环境的优化。香港在经过长期努力后，打击贪腐已经不再是政府部门在“孤军奋战”，而成为香港民众自觉自发的公民意识，有赖于全体香港人的自律和对腐败的零容忍，才形成了高效的政府运行机制和廉洁的社会大环境。

（二）全方位的育人实践促进大学生廉洁教育

对大学生的廉洁教育既贯穿其个人成长的全过程，也渗透其社

---

① 戴芳. 香港廉政公署制度研究及对内地反腐倡廉建设的启示［D］. 南京：南京师范大学，2014.

② 龙代宇、龙弢. 利用苗族传统美育资源塑造苗族学生完美人格［J］. 民族论坛，2010（12）：50-51.

会生活的各方面。由于香港独特的政治文化背景，政府尤其是廉政公署与高校在廉洁教育中的紧密结合，香港高等教育中的英式教育元素与中国传统文化的有效融合，都为我们学习借鉴香港大学生廉洁教育提供了独特视角。

1. 廉政公署持续开展全民廉洁教育

作为廉政公署三大职能部门之一的社区关系处，其主要职责是进行廉洁教育。ICAC认为，要从根本上遏制腐败，仅靠对政府公务人员的廉政法治教育显然远远不够，只有面向社会中的每一个个体或单位进行教育，才能营造出整体廉洁的社会环境。因此，廉政公署推行的并不是单一的廉政教育，而是旨在培养社会公众法治精神、廉洁意识的全民廉洁教育。

社区关系处开展廉洁教育主要从几个方面入手：一是增强一般民众对反腐败的认识度和参与感，主要通过发布新闻宣传反腐败的进展、成果，制作专门的宣传片、宣传标语等，帮助民众进一步了解廉政公署的工作职责，加强他们的反贪意识，鼓励他们加入反贪活动中来；二是加强对公务员诚信品格的培养和廉洁意识的提升，通过入职培训、定期培训等方式不断强化公务员的守信、廉洁意识；三是高度重视青少年思想道德教育，通过开展各类活动，不断加强青少年思想道德教育，使廉洁的观念从小根植于心，并在后续的教育中反复加强，这也为香港大学生群体接受更进一步的廉洁教育、更深入地参与廉洁实践打下了牢固的思想基础。

廉政公署在开展廉洁教育的过程中一直十分重视发挥舆论宣传的作用，给予新闻媒体宣传报道的自由，及时曝光腐败事件和行为，并利用新闻媒体播放廉洁教育的宣传片等，在民众中普及廉洁观念。廉政公署的门户网站内容丰富、更新及时，既包括廉政公署的基本情况介绍，也包含很多具体的反贪案件纪实，同时还列有详细的举报途径等，方便广大民众参与。此外该网站还宣传反贪知识，如常见的陷阱、容易滋生腐败的领域等，并为公共机构和私营企业量身定制了多套“防贪锦囊”，向他们提供堵塞贪污漏洞的建议。在预防贪污方面，网站提供了许多内容丰富的资源，如电视广告、宣传短片、海报、电台广播剧等，通过各种形式形成合力，积极开展反腐倡廉的宣传，加强廉洁教育，这对香港社会的整体廉洁起到了巨大的推动作用①。

廉政公署与大学的合作和联系也十分紧密，经常开展面向高校学生的各类活动，社区关系处定期到学校举行专题讲座，向学生宣传反腐倡廉的知识，引导他们树立正确的廉洁观念，如在香港浸会大学举办“职业道德与预防腐败”研讨会，以增强学生在商业社会里的道德意识和对廉洁诚信的认知。廉政公署于 2013 年举办了青少年诚信微电影节，包括香港浸会大学、香港公开大学、香港中文大学、香港大学等多所高校的获奖学生作品在廉政公署官网的青少年创作专区专门展示。廉政公署聘请 17 所大专院校的学生为廉政大使，参与“诚信·承传”青年计划，廉政大使利用课余时间，积极参加面向全社会的反腐倡廉宣传公益活动。2014 年廉政公署还曾组织廉政大使交流团赴京到监察部机关访问并与青年干部代表座谈，在廉政公署官网开设廉政大使创作专区，展示香港中文大学、香港教育大学、香港树仁大学、香港理工大学、香港科技大学、港专学院、香港演艺学院等 10 余所高校廉政大使的宣传视频、街头专访、廉洁教育艺术作品等。廉政公署通过一系列丰富的教育实践活动，取得了香港大学生群体的高度认同，这些活动在建立大学生良好的法治意识和廉洁观念中发挥了显著作用。

---

① 戴芳. 香港廉政公署制度研究及对内地反腐倡廉建设的启示 [D]. 南京：南京师范大学，2014.

2. 香港高校不断推进大学生廉洁教育

高校是大学生每天学习生活的主要场所，其运行机制、治理成效是大学生每天最直接的所见所闻。如果高校自身的廉政状况出了问题，即使社会大环境再好，也会对大学生产生严重的负面影响。香港高校在自身的廉政建设方面可以说卓有成效，这不仅使香港高校自身发展取得了令人瞩目的成就，也成为大学生廉洁教育最直接的范例。香港的公立大学均有独立的大学法例，大学法例对学校核心组织构架、教务、财务等的运行机制作出了规定，各机构间相互制衡，为高校廉政建设提供制度保障。

香港高校长期以来规范、廉洁，原因还在于其合理完备、独立高效的监督机制，如香港理工大学设有独立的内部稽核组，稽核组不参与日常运作，对学校各项活动的合法性、合理性、有效性进行审查，在很大程度上降低了高校腐败现象发生的可能性。此外，政府对高校宏观调控，社会机构对高校有效制衡，如政府委托作为中间人的大学教育资助委员会管理向高校的拨款。在这一系列制度的保障下，香港高校得以形成兼具自由与法治、高效且有序的办学生态，而处于这样良好生态下的大学生群体对廉洁概念的认识也就更加深刻。

廉洁教育的成功离不开廉政法治建设和廉洁文化建设，无法想象在一个法制不健全，政府对贪腐行为束手无策的社会中，廉洁教育会得到大学生的认同。香港大学生廉洁教育之所以能取得水到渠成般的效果，很重要的原因正是因为廉洁政府的逐步建立、法治社会的日趋成熟、廉洁观念的深入人心。

香港具有中西文化荟萃的独特背景，既有西方高校自治、自主等特点，也兼具中国传统文化的特征，香港中文大学便是其中最具代表性的高校。通识教育是开展大学生廉洁教育的重要形式，香港中文大学在建校之初就十分注重对通识教育的探索，首任校长在提出香港中文大学使命时就曾指出，人文教育为人人所应有。发展至今，香港中文大学的通识教育融合中国人文思想和西方博雅教育，向学生传授全面知识，培养其健全人格。在这一理念指导下，香港中文大学从修身立德、博学创新、美悦人生、推己及人、健康身心等五大方面着手，构建了一套完备的教育体系，不仅拓宽了学生的知识和文化视野，培养了学生的创新和批判思维，也建立起学生对社会责任的承担、对他人所需的体察、对人文精神的传承，不难发现这几个方面的教育目标，几乎完整地覆盖了廉洁教育指向的核心品质。

除了正式教育以外，香港高校还通过各种各样的活动使学生主动参与学校生活，融入学校文化，使其品格、志趣、行为习惯受到润物无声的熏陶和培育。香港中文大学作为全港唯一实行书院制的高校，为学生提供了独具特色的书院生活。香港中文大学由八个专业学院和九所书院共同组成双轨制管理体系，专业学院是以学科为本的第一课堂，而书院则是以学生为本的第二课堂，除了为学生提供基本的住宿服务、关顾辅导外，还提供丰富多彩的非形式教育内容，诸如新生露营、书院聚会、系列文化讲座、共膳文化、交流计划等。

香港中文大学实施了许多富有特色的教育计划，比如 2012 年的“I·CARE 博群计划”以培养学生的公民责任感和贡献社会的心志为目标，支持学生与政府机构或志愿者组织共同发起非洲等贫困地区的可持续社会服务项目等。时任香港中文大学校长沈祖尧指出，这一计划可以帮助学生建立对社会问题的认识，为个人成长及社会带来长远利益。在这样的教育理念和教育模式下成长起来的大学生，也许并不需要太多的道德说教、廉洁教材，其廉洁诚信、自律自爱的优秀品质就已经基本形成。

大学生廉洁教育应当突出全方位和实践性的特点，香港高校将廉洁教育融入教育的全过程，既帮助学生完成对廉洁价值观及相关核心品质的认知与内化，又引导学生将廉洁行为习惯自觉融入生活、学习和实践之中，值得内地高等教育机构认真研究和借鉴。

三、国外和中国香港地区开展大学生廉洁教育的启示

它山之石可以攻玉，认真学习、深入思考国外和中国香港地区高校开展大学生廉洁教育的经验，结合内地大学生廉洁教育的实际情况加以借鉴和完善，有助于我们解决在内地大学生廉洁教育过程中遇到的问题和困惑，有利于更好地、更全面地开展新时代大学生廉洁教育实践探索，提升廉洁教育的实际效果。

（一）强化廉洁教育的立体化渗透

通过分析英、美等国以及中国香港地区高校的廉洁教育实践，我们可以发现，这些高校非常注重廉洁教育的渗透化实现，这当然得益于其通识教育改革较好地贯彻了学生全面发展的理念。而追求学生的全面发展，在内地也是有其理论和政策基础的。2017 年，中共中央、国务院发布的《关于加强和改进新形势下高校思想政治工作的意见》就明确提出以社会主义核心价值观为引领，强调培养德智体美劳全面发展的社会主义建设者和接班人。内地高校一直以来都开设有“思想道德修养与法律基础”等思政课，其中也都包含廉洁教育的内容，但现实情况是这些课程对学生的感染力、吸引力明显不足。我们可以尝试通过一些内容更加广泛的人文课程，或更有针对性的职业课程，或涵盖廉洁教育内容的社会实践项目，潜移默化地传递廉洁理念，也许这些方式更易于学生接受，更能收到良好的教育效果。

一些国家、地区和国际组织开展的项目化运行的廉洁教育模式被证明是成效显著的。通过在具体的事例中思考、判断、选择、沟通，学生对公平正义、诚实守信等价值观的认识更加深刻，对各种社会现象的辨析更加准确。这是一种将知识教育与廉洁教育有效融合，更有深度和广度的教育模式。正如新加坡等国政府所主张和倡导的，大学生廉洁教育需要法律的健全完善、官员的廉洁示范、社会的关注、舆论的引导等立体化、多渠道、全方位的推动。

在大学生廉洁教育中突出文化的育人功能，在各个国家和地区的廉洁教育中都可找到范例，比如德国突出宗教文化的渗透，新加坡突出传统儒家文化的渗透，中国香港地区重视廉政文化的建设等。丰富廉洁文化元素是增强大学生廉洁教育实效的有益途径，国内一些省市的教育主管部门和高校也已经在积极开展这方面的教育实践，比如一些高校依托校内纪检监察机构开展廉政文化建设征文、廉政文化书画展等活动，建设校内的廉政教育文化馆等。高校既可以在校园建设中彰显传统文化中的廉洁元素，也可以利用多媒体宣传廉洁法律知识、廉洁案例，弘扬廉政精神等，促进大学生在廉洁文化和传统文化的感染熏陶下自觉提升廉洁意识。

（二）强化政府在廉洁教育中的组织引领

在中国香港地区大学生廉洁教育实践中，廉政公署发挥了重要作用，这成为香港开展大学生廉洁教育强大的推进力量。鉴于大学生廉洁教育的全面性、系统性，仅仅依靠大学本身的教育手段显然是力量不够的，应该进一步强化政府行为，使其在大学生乃至全民廉洁教育中发挥出应有的引领作用。

一是通过立法途径构建完善的制度体系。通过加强廉洁教育的立法，完善相关法律法规，为开展廉洁教育提供指导和有力保障；通过反腐倡廉法律的制定，明确腐败行为的界限，强化廉洁意识，约束公民的行为。教育部下发有关文件后，各地高校的廉洁教育实践虽然取得了一定成果，但文件针对的是全体学生，具体到大学生的实际状况和特点，需要政府更进一步明确指导思想、教育原则、目标任务、实施路径等。

二是加强政府与高校廉洁教育实践的互动。政府是开展廉政法治建设和司法实践的直接主体，可以便利地将廉洁教育的内涵借助廉政素材传递出去，为大学生廉洁教育提供丰富的教育资源。这同时也有助于政府在公众和大学生心中建立廉洁形象，取得认同感和信任感。如ICAC定期组织民众及学生参观、在高校聘任廉政大使、推出大量的媒体跟踪报道，甚至还在大学举办廉政执法题材电视剧宣传活动，让香港民众更加近距离地看到内外一致、公开透明的ICAC，从而更加认同和信任政府，同时这也反过来激励政府工作人员更加注重保持自身廉洁，达到良性循环的效果。

三是强化政府主导的舆论宣传，营造全社会的廉洁氛围。国外和中国香港地区的舆论宣传具有两个较为显著的特点：一是注重反腐案例的警示作用，通过影视作品将腐败的事件呈现出来，起到警示预防的作用；二是注重多媒体手段的联合效应，除了积极发挥传统媒体，如报纸、电台、电视台等的作用外，还注重网络媒体的作用，不断丰富廉洁教育的方式方法。内地善于通过树立正面典型、拍摄宣传片等手段开展廉洁教育，但是在发挥反腐案例的警示作用上范围还不够广泛，内容也不够丰富，还不能达到很好的警示作用。我们可以有针对性地实施一些廉洁教育计划，比如邀请公检法等部门的工作人员在高校开展讲座等活动，宣讲廉洁理念，分析贪腐案例，解读法律政策，倡导廉洁行为习惯等。

（三）强化社区教育模式的积极探索

从国外和中国香港地区开展廉洁教育的经验来看，积极发挥社区教育的作用在提升廉洁教育的实效性上有着良好效果。严格的"社区教育"一词是20世纪初美国人德威提出的。美国成立有社区学院，主要面对社区开展立体式教育，一般具有职业技术教育、补偿教育、非学历教育、大学转学教育和普通教育五个方面的职能。北欧地区既是世界上经济高度发达地区之一，也是最早开展社区教育的地区，他们强调通过教育的力量，使社区民众自觉地、自主地参与改善社区政治、经济、文化生活的过程。

内地社区教育起步较晚，20世纪80年代初期才开始发展，主要是在国家实行改革开放后，在原有的学校教育、家庭教育、社会教育相结合的实践基础上逐步发展起来的①。已有的社区教育实践证明，在新时代，面向社区成员积极开展形式多样的社区教育，才能不断满足人们日益增长的精神文化生活的需要。

但是从目前的现实来看，内地社区教育活动开展的形式还不够丰富，通常是以文娱活动为主，对象也主要是社区的老人、孩子，对其他人群的关注度不够。此外，公共图书馆、博物馆等社会机构虽然发挥了一定的教育作用，但是在深度和广度上都还大有可为，这也将成为我们下一步工作的主要着力点。

---

① 张伟. 浅议我省社区教育发展之路径［J］. 河南广播电视大学学报，2012（2）：100-102.

第五章　新时代大学生廉洁教育的总体思路

大学是人生中的重要阶段，青年学生在大学期间汲取文化知识的同时，也逐步形成了个人世界观、人生观、价值观。我们应加强大学生的廉洁教育，引领大学生在大学期间养成自我约束、自我警醒的品质，自觉抵御外界诱惑，在多元价值观的影响下仍然能够坚持正确的“三观”，诚信做人，从而融入社会。新时代大学生廉洁教育不是一件一蹴而就的事情，需要长时期的努力，一点一滴地扎实开展。明确新时代大学生廉洁教育的目标，确定新时代大学生廉洁教育的原则，建立新时代大学生廉洁教育的机制，是开展新时代大学生廉洁教育的基础。

一、新时代大学生廉洁教育的目标

新时代大学生廉洁教育的目标是新时代大学生廉洁教育实践活动的出发点和归宿。2007 年教育部颁布的《关于在大中小学全面开展廉洁教育的意见》指出，廉洁教育的目标是引导大学生树立报效祖国、服务人民的信念，不断提高大学生的道德自律意识，塑造拒腐防变的良好心理品质，逐步形成廉洁自律、爱岗敬业的职业观念。这是对大学生廉洁教育提出的总体目标要求，在开展新时代大学生廉洁教育时还有一些更为具体的目标。

（一）增强廉洁意识

认识是行动的先导，加强大学生廉洁教育，最终是要落实到形成坚定的廉洁观念、积极践行廉洁行为上，而增强廉洁意识是开展廉洁教育的基础和前提。

要达到增强廉洁意识的目的，我们至少应当完成三个层面的具体目标：第一，正确认识腐败。新时代大学生通过学习相关理论，了解腐败产生的历史和社会背景，认识腐败客观存在的原因，知道腐败不是我国独有的问题，而是任何一个国家都无法回避的，同时更要认识我国在解决腐败问题上所具有的制度优势；通过学习党和国家有关党风廉政建设、反腐倡廉方面的政策法规，全面了解腐败的危害以及党和国家反腐的决心和信心。第二，正确认识复杂社会环境下廉洁的价值取向。随着改革开放的不断深化，在信息网络化背景下，新时代大学生比之前任何时代的大学生都更容易受到多元价值观的冲击，加上西方国家从来没有放弃过对我国的造谣和诋毁，并不断通过各种形式传递腐朽价值观和享乐文化，在这种复杂的环境下，帮助大学生理性认识腐败的危害，树立正确的价值观，自觉抵制腐败，充分认识廉洁的重要性和必要性尤为重要。

（二）提升廉洁认同

认同是建立在认知基础上的更深层次的理解，也是确保践行行为更为稳定的因素。情感认同指的是人对待事物的肯定与否定，满意与不满意，享受与厌恶等态度的心理体验。情感认同具有两个特征：一是满足情感需要，即能够满足主体某方面的需求；二是动力推动作用，即对认知和行为的促进作用①。情感认同是一种价值选

① 邓凯文．情感认同：培育社会主义核心价值观的着力点［J］．广西社会科学，2016（12）：13-17.

择，提升大学生廉洁认同是在全面了解腐败、认识廉洁的基础上，将廉洁内化为大学生的道德诉求，成为大学生认同的情感需要，同时也对他们的行为产生催化作用，促进他们自觉践行廉洁行为，使他们面临选择的时候能够按照廉洁教育的要求作出正确的决定，从而确保廉洁行为的持续性。

新时代的大学生思维活跃、个性张扬，如果不能让他们对廉洁产生认同，从而形成更为自觉的信念，就难以在后续生活和工作中坚定践行廉洁行为。习近平总书记指出，青少年阶段是人生的“拔节孕穗期”，最需要精心引导和栽培①。大学生正处于身心发展的关键时期，大学阶段是提升廉洁认同的最好时期。我们要加强新时代大学生廉洁教育，帮助大学生树立坚定的理想信念，通过腐败人物和事件的警示教育，引导他们认识腐败的危害；通过优秀人物事迹的感染，引导他们增强廉洁意识；通过新媒体技术的广泛运用，积极传播廉洁理论知识。总之，要根据新时代大学生的特点，运用多种方法对其进行教育引导，动之以情、晓之以理，帮助他们自觉抵御腐败，提升廉洁认同。

（三）树立廉洁观念

树立廉洁观念，实际上是帮助大学生形成廉洁的价值观。价值观是人对周围客观事物的意义、重要性的总评价和总看法，表现为价值取向、价值追求或价值尺度和准则。价值观成为人们判断事物有无价值及价值大小、是光荣的还是可耻的标准。价值观一旦形成和确立，具有相对稳定性和持久度，帮助大学生树立廉洁的价值观是他们践行廉洁行为的前提。

---

①　习近平. 用新时代中国特色社会主义思想铸魂育人　贯彻党的教育方针落实立德树人根本任务［N］. 人民日报，2019-03-19.

价值观具有历史性和选择性，也就是说，价值观受到家庭、社会、朋友、师长等的多种影响。当前社会仍然存在着美与丑、廉与贪、正与邪的价值观较量，畸形的价值观会混淆廉洁与腐败的分界线。腐败是我们党面临的最大威胁，反腐败是最彻底的自我革命。正风反腐进行到今天，不仅事关政治生态的净化，更是一场价值观的较量。我们应加强大学生廉洁教育，增强他们反腐败的定力和意志，帮助他们逐步形成“以廉为荣、以贪为耻”的廉洁价值观，增强对廉洁与腐败的价值判断和选择能力，最终使大学生能够自觉践行廉洁行为，在个人欲望与廉洁意识之间产生冲突矛盾时，也能作出正确选择，按照廉洁的要求约束和规范自己的行为，自觉拒腐防变，避免走向犯罪的深渊。

（四）践行廉洁行为

开展大学生廉洁教育，最终要落实到大学生的行动上。所谓廉洁行为，指的是在日常行为和行使公共权力时，能够不偏不倚、不贪不腐、公正廉洁。

大学生践行廉洁行为应当涵盖两个阶段：一是在求学期间能够在生活、学习、学生社团活动中保持廉洁，具体包括诚信考试、学术诚信、杜绝各种活动中的“微腐败”以及避免在入党、评优评先、保研等方面“走关系”等；二是在走上工作岗位后，仍能够确保不以权谋私、不弄虚作假、不搞权钱交易等。对大学生践行廉洁行为的要求也应该包括两个层面：一是自己能够廉洁自律、不贪不腐；二是在坚持底线的基础上，旗帜鲜明地与腐败行为作斗争。大学生要做到“不以恶小而为之”，坚持在细微处严格要求自己，时时慎始，事事慎微，“不以廉小而不为”。清正廉洁不是与生俱来的高尚品格，是靠后天不断地学习、实践、积累而渐渐养成的。大学生要心怀廉洁之心，从小事做起，从小节着手，将廉洁的思想真正贯穿日常生活的每个细节，实现以小廉促大廉，以小节成大义。在从业后大学生更应该具有“不以名利失大义”的精神，在工作中做到不追名逐利、不爱慕虚荣、不迷恋金钱美色、不贪图安逸享受，自觉践行廉洁行为。

二、新时代大学生廉洁教育的原则

大学生廉洁教育的原则指的是在开展大学生廉洁教育时应当遵循的理念、标准和规则。为提升新时代大学生廉洁教育的实效性，我们应遵循马克思主义理论的指导，坚持方向性和学理性相统一、认知和践行相统一、灌输教育和双向互动相结合、显性教育和隐性教育相结合的原则。

（一）方向性和学理性相统一的原则

新时代大学生廉洁教育坚持方向性和学理性相统一，也就是要求我们在新时代开展大学生廉洁教育时坚持廉洁教育理论的科学性，坚持正确的政治方向，即坚持马克思主义理论的指导地位、坚持党的教育方针、坚持社会主义办学方向。

马克思主义理论是人类历史上最为科学的理论体系，党的教育方针为高校开展教育实践活动提供了根本遵循。坚持学理性，要求我们在开展廉洁教育时坚持马克思主义理论的指导地位，时刻牢记党的教育方针，立足国情，克服盲目性与随意性，遵循思想政治工作规律、遵循教书育人规律、遵循学生成长规律，使大学生通过廉洁教育，学会运用辩证唯物主义的立场、观点与方法来认识和理解社会现实问题，激发大学生理论联系实际的学习动力，提高其思想觉悟和认识水平。

廉洁教育作为新时代大学生思想政治教育的重要内容，与思想政治教育的开展一体相关、一脉相承。2019 年 3 月 18 日，习近平总书记在学校思想政治理论课教师座谈会上指出，贯彻党的教育方针，要坚持马克思主义指导地位，贯彻习近平新时代中国特色社会主义思想，坚持社会主义办学方向，落实立德树人的根本任务，坚持教育为人民服务、为中国共产党治国理政服务、为巩固和发展中国特色社会主义制度服务、为改革开放和社会主义现代化建设服务①。这是我们开展新时代大学生廉洁教育的根本方向，只有坚持正确的方向，才能在大是大非面前保持清醒的头脑，确保新时代大学生廉洁教育的有效开展。新时代大学生作为社会主义建设者和接班人，他们能否廉洁自律，关系到未来社会的清廉程度和国家发展，因此，作为社会主义建设者、接班人，廉洁是新时代大学生必须具备的道德品质和政治素养。

正如习近平总书记所强调的，我们党立志于中华民族千秋伟业，必须培养一代又一代拥护中国共产党领导和我国社会主义制度、立志为中国特色社会主义事业奋斗终生的有用人才。在这个根本问题上，必须旗帜鲜明、毫不含糊②。开展反腐倡廉是确保马克思主义政党纯洁性的重要工作。大学生廉洁教育是中国共产党反腐倡廉工作的重要延伸，帮助大学生树立廉洁观念，使其在未来的工作和生活中自觉践行廉洁行为是关系到党和国家未来的大事，需要高度重视。

新时代大学生廉洁教育坚持方向性和学理性相统一，才能保证教育的实效性，提升大学生整体廉洁意识，使其在未来能够肩负起党和国家的重任，真正成为社会主义事业的合格建设者和可靠接

---

① 习近平. 用新时代中国特色社会主义思想铸魂育人 贯彻党的教育方针落实立德树人根本任务［N］. 人民日报，2019-03-19.

② 习近平. 用新时代中国特色社会主义思想铸魂育人 贯彻党的教育方针落实立德树人根本任务［N］. 人民日报，2019-03-19.

班人。

（二）认知和践行相统一的原则

新时代大学生廉洁教育坚持认知和践行相统一的原则是廉洁教育取得实效性的保障性原则。从目前调研的情况来看，大学生廉洁实践表现出认知和行为失衡的现象，即在理性认识上，大学生普遍能够认识到廉洁的重要性，愿意主动接受廉洁教育，也愿意坚持践行廉洁行为，但是在实际情况中，有不少大学生面对身边人不廉洁行为时选择了沉默，甚至部分大学生会滑向反面。这说明开展廉洁教育必须坚持认知和践行相统一的原则，否则难以达到教育目的。

坚持认知和践行相统一的原则，首先要认知到位。我们要对大学生开展有目的、有计划的廉洁教育，帮助他们树立正确的廉洁观，通过理论教学，用廉洁理论武装大学生的头脑，帮助他们认清腐败的危害，正确认识廉洁的意义。其次要践行有力。开展新时代大学生廉洁教育光有认知是不够的，最终还是要落实到践行上。我们要从实际出发，组织开展形式多样的大学生社会实践活动，通过实践来巩固理论教学成果，从而提升大学生廉洁认识水平和廉洁行为践行能力。

开展新时代大学生廉洁教育必须坚持认知和践行相统一，注意做到学用结合。如果只是单纯地学习理论，很容易陷入“学一套做一套”的误区；如果仅仅是重视实践，则在实践中遭遇困难时，容易偏离方向。我们只有将认知和践行有机结合，才能在不断学习中提升理论，在不断践行中深化理论，才能更好地用理论指导实践。这样大学生的认知会更加生动，践行会更加坚定，从而提升新时代大学生廉洁教育的实效性。

（三）灌输教育和双向互动相结合的原则

我们在开展新时代大学生廉洁教育时，既要确保将廉洁理论全面充分地传授给学生，同时也要注重积极发挥大学生的主观能动性，实现教育者与受教育者的双向互动，更好地提升教育效果。

马克思指出，先进的理论不会自发产生，共产党人必须加强对工人阶级的理论灌输。理论灌输是进行思想政治教育的重要手段，开展大学生廉洁教育，离不开理论灌输。大学生廉洁教育具有政治性和导向性，其目标就是通过廉洁教育的开展，帮助大学生形成正确的廉洁价值观、规范他们的廉洁行为，该目标的实现既需要有计划、有目的地开展教育教学活动，也需要确保教育的方向性，因此，我们要通过灌输教育的方法将廉洁教育的理论全面传授给大学生，使其完全了解和掌握理论，逐步内化并自觉指导自身的行为。

新时代的大学生具有其自身特点，同时不同学校、学科、年级的不同群体（如学生党员、学生干部、普通学生等）之间，也具有相当大的差异性。为进一步提升廉洁教育的实效性，积极发挥大学生的主观能动性，双向互动十分有必要。双向互动更为注重教育者与受教育者之间的沟通交流，通过受教育者主动参与教育教学活动，调动受教育者的积极性，从而建立起双方平等互动、相互尊重、相互学习的新型关系，这将明显提升廉洁教育效果。廉洁教育非常贴近生活，教师可引入生活、工作中的案例开展实景模拟教学，这样更容易让大学生直面腐败等社会问题，也更加便于对其进行引导，从而强化教育效果。

教育的最终目的是取得良好的教育效果，灌输教育和双向互动相结合，可以使大学生全面掌握廉洁的相关理论，不偏离方向，同时发挥学生的主观能动性，逐步实现自我教育。大学生主动参与、自主学习，廉洁意识可以不断提升并能自觉践行廉洁行为。

（四）显性教育和隐性教育相结合的原则

显性教育是对新时代大学生进行廉洁教育的主要途径。通过目的明确、计划周全的课堂教学开展新时代大学生廉洁教育，是实现为党育人、为国育才，培养社会主义事业建设者和接班人的根本要求，是落实立德树人根本任务的具体方法。坚持以马克思主义理论为指导、以党的理论创新成果充实大学生廉洁教育，持续对大学生进行思想教育、理论武装和价值引领，帮助他们树立正确的价值观，强化廉洁意识，是显性教育的任务和优势。但同时我们也应当注意到，随着社会的进步和发展，随着新时代大学生体现出更多思想行为特点和教育方式的变化，单纯依靠显性教育难以达到预期效果，因此需要不断改进显性教育方法、挖掘隐性教育方法，实现二者的相互补充，共同促进大学生廉洁教育的有效开展。

隐性教育是指通过润物无声的教育方法，让廉洁教育时时都在、处处都在，让大学生身在其中，自觉受到洗礼并逐渐将廉洁内化为自身的坚强信念，达到提升大学生廉洁意识的效果。隐性教育虽然不像显性教育那样是目的明确、计划周密的教学活动，但是由于其渗透性强、润物无声的特性，有时候更容易达到教育效果。大学生廉洁教育的开展非常需要这样的教育方式，通过课程思政的形式将廉洁教育的内容融入不同门类的专业课教学；通过校园廉洁文化环境的创建给学生一个崇尚廉洁的生活学习环境；通过健康平等的人际关系的营造减少权钱交易、权权交易给学生的负面影响；通过形式多样的社会实践活动帮助学生感悟廉洁的力量，自觉远离腐败，以上都是隐性教育的优势所在。

坚持显性教育与隐性教育相结合，积极发挥显性教育目标明确、计划周全等特点，也利用好隐性教育稳定、持久的优势，同向发力，从而契合新时代大学生的思维方式、认知特点和精神需求，实现廉洁教育无处不在，最终达到大学生廉洁意识普遍提升的教育效果。

三、新时代大学生廉洁教育的机制建设

大学生廉洁教育的开展不是一朝一夕就可见成效，也不是短时间内开展的阶段性活动，需要持续稳定地开展才能确保取得实效。完善新时代大学生廉洁教育的机制建设，才能为大学生廉洁教育的持续高效开展提供有力保障。新时代大学生廉洁教育的机制建设拟从主体构建、组织机制建设、保障机制建设和评价机制建设四个方面开展。

（一）新时代大学生廉洁教育的主体构建

思想政治教育的教育者与受教育者，都是具有主体性的人，都是教育、教学的主体①。现代思想政治教育更加主张让受教育者积极发挥主体性，自主接受教育者传递的思想道德，并通过自身思想矛盾运动而形成正确的思想观念和道德意识②。大学生廉洁教育属于思想政治教育，在发挥高校、社会等教育主体作用的同时，还应积极发挥大学生自身的主观能动性，全面构建高校、社会各机构和社区、家庭以及大学生自身的教育主体，发挥各自作用，形成合力，更加有效地推进大学生廉洁教育，以期取得更好的实效。

1. 以高校为主体开展廉洁教育

高校作为开展大学生廉洁教育的“第一责任人”，毫无疑问地承担着新时代大学生廉洁教育“主阵地”的作用，大学生廉洁教育开展成功与否，主要取决于高校开展该项教育是否卓有成效，高校积极主动地开展大学生廉洁教育至少应当从以下几个方面着手。

---

① 张耀灿、郑永廷等．现代思想政治教育学［M］．北京：人民出版社，2006：268.

② 张耀灿、郑永廷等．现代思想政治教育学［M］．北京：人民出版社，2006：270.

第一，明确高校廉洁教育的主体责任。这是高校能够有效开展廉洁教育的前提，否则廉洁教育活动将不能取得实效。高校党委是高校开展大学生廉洁教育的领导核心，《中华人民共和国高等教育法》第三十九条明确规定，高等学校实行高校领导下的校长负责制，基层委员会按照党章和有关规定统一领导学校工作。《中国共产党普通高等学校基层组织工作条例》第二十七条明确规定，高校党委统一领导思想政治工作。大学生廉洁教育是高校党的建设和思想政治工作的重要内容，是反腐倡廉工程的重要组成，高校党委必须承担起责任，高度重视大学生廉洁教育工作，将大学生廉洁教育作为一项重要的政治任务，深刻认识到自身是构建高校廉洁教育领导体制和工作机制的核心与推动器。

高校应当通过制订科学合理的规划，将廉洁教育作为关系学校发展的长远工作；通过调动各方面的积极性，使各个部门各司其职、相互配合，形成党委统领全局、各部门协调推进的格局；通过明确廉洁教育的目标、原则和实施步骤，科学规划廉洁教育的内容，积极培训一线教师、学工队伍、学生干部等群体，将大学生廉洁教育工作做细做实；通过高校统一组织学校党委书记和校长带头讲廉洁课、专业教师讲廉洁课、社会机构（团体）和企业负责人讲廉洁课等多种形式，共同引导大学生树立廉洁意识。

第二，加强大学生廉洁教育教师队伍建设。大学生廉洁教育与大学生思想政治教育不可分割，我们要着力提升高校思政课教师队伍廉洁教育意识，有条件的高校可以探索建立廉洁教育专业小分队，将廉洁教育作为一门大学生必修课，同时强化专业课教师廉洁教育意识，积极发挥课程思政的教育作用。

新时代大学生廉洁教育的重要性与必要性已经毋庸置疑，但是廉洁教育队伍的建立和完善尚处于起步阶段，廉洁教育本身就是思想政治教育的重要内容，思政课教师开设廉洁教育课具有优势。加强思政课教师对廉洁教育的重视程度，丰富廉洁教育的授课内容，提升思政课教师廉洁教育的水平，是提升新时代大学生廉洁教育实效性的最快捷办法。我们可以对思政课教师统一进行培训，提升思政课整体教师队伍对廉洁教育课程的重视程度和讲授能力；同时，可以选取一部分对廉洁教育有研究基础的思政课教师，逐步完成廉洁教育基础理论研究，形成较为统一的课程讲授内容。除了在思政课原有关于廉洁教育的内容讲授的基础上，以专题课或者形势政策课的形式开展廉洁教育外，我们还可以专设必修课，设定课时，集中讲授大学生廉洁教育课程。

讲信仰者自己先要有信仰，教育者要先受教育。我们要通过加强对思政课教师的培训，使他们成为讲廉洁、拒腐败的表率。教师自身要严于自律，做到课上课下一致、网上网下一致，积极践行廉洁行为，传递廉洁精神。只有这样，教师才能成为赢得学生信任、学生愿意亲近的指导者和引路人。教师还要不断提升自身教学水平，通过完善内容设置、创新话语表达、采用新媒体技术等方式，不断提升学生对廉洁教育的关注度，吸引学生主动获取廉洁知识。

专业课和廉洁教育并不是割裂开来、互不相关的。事实上，二者有着很多值得挖掘的相通之处，如中医药学专业医德文化中的廉洁元素、法学专业法治精神中的廉洁元素等都是廉洁教育的重要内容来源和补充。教师要不断增强自身理论水平和学习研究能力，积极围绕专业课教学中的廉洁元素开展深入研究，在提升自身专业素养的同时，润物无声地将廉洁的种子播撒在学生心中，帮助他们在提升专业技能的同时提升廉洁意识。我们要逐步建立起一支可信、可敬、可靠，乐为、敢为、有为的廉洁教育教师队伍，为新时代大学廉洁教育的有效开展打下坚实基础。

第三，加强思想政治工作队伍建设。2016 年 12 月，习近平总书记在全国高校思想政治工作会议上强调，要加强高校思想政治工作队伍建设，整体推进高校党政干部和共青团干部、思想政治理论课教师和哲学社会科学课教师、辅导员、班主任和心理咨询教师等队伍建设，保证这支队伍后继有人、源源不断[①]。2018 年 9 月，习近平总书记在全国教育大会上再次强调指出，要精心培养和组织一支会做思想政治工作的政工队伍，把思想政治工作做在日常、做到个人。习近平总书记多次强调思想政治工作队伍建设问题，明确了思想政治工作队伍中除了专业课教师外，还必须有党政和共青团干部、辅导员、班主任和心理咨询教师等群体，他们同样担负着做好大学生思想政治工作的任务，他们也是开展新时代大学生廉洁教育的主力军。

党政干部同时承担着学校管理的各项工作，他们是学生接受廉洁教育的最直接的榜样。在调研中大学生也明确表示，在他们看来，学校关键部门的干部更应该接受廉洁教育，也就是说学校党政干部自身廉洁清正的形象本身，会成为大学生主动和乐于接受廉洁教育的重要影响因素，他们的廉洁行为更容易使大学生对廉洁产生认同感，从而坚定廉洁的价值观。因此，这些党政领导干部如果以身作则，会对大学生产生更为直接正向的影响，由他们开展廉洁教育也将更加具有说服力。

辅导员、班主任作为和大学生接触最多的人员，他们也是开展大学生廉洁教育的主要力量。他们可以及时发现大学生出现的廉洁相关问题，积极运用春风化雨、润物无声的教育方法，结合大学生的成长规律、思想和心理特点以及情感因素，贴近学生开展廉洁教

① 习近平. 习近平谈治国理政（第二卷）[M]. 北京：外文出版社，2017：380.

育，教育和引导青年大学生坚定廉洁信念，这样势必会促进大学生廉洁教育取得更好的实效。值得注意的是，心理咨询教师在新时代大学生廉洁教育中发挥着越来越重要的作用，新时代大学生自主意识强，能够意识到自己的问题并主动寻求帮助，在他们遇到困惑尤其是与廉洁相关的问题时，心理咨询教师及时给予正向引导，这对于开展大学生廉洁教育非常有实际意义。

2. 以社会机构等为主体开展廉洁教育

廉洁是社会共同的价值取向和行为准则。开展新时代大学生廉洁教育，学校是主战场，社会同样也是我们要坚守的阵地。提升社会的整体关注度，积极推动形成全社会共同开展廉洁教育的良好氛围，对新时代大学生廉洁教育具有十分重要的意义。

第一，通过举办专题讲座开展廉洁教育。高校可以有计划地安排企事业单位负责人、道德模范到学校举办专题讲座，共同担负起青年学子廉洁教育责任。社会上不同部门、单位、行业的典型人物生动具体的讲授内容，与他们自身的职业相关，与大学生即将从事的行业相关，能够使廉洁教育更加贴近学生、更加生动活泼，从而也就更加具有说服力，更容易引起学生的共鸣，从而达到更好的教育效果。

第二，通过图书馆、博物馆等公共机构开展廉洁教育。图书馆、博物馆等公共机构应当成为开展廉洁教育的社会主要场所，这些机构在开展各类廉洁活动时具有优势，既有活动场地，也有邀请专业人士开展讲座的便利条件。因此，图书馆、博物馆等社会公共机构要主动作为，通过开展廉洁讲座和举办以廉洁为主题的演讲比赛、辩论赛、专题书画展等活动，让廉洁教育走近群众和大学生。

第三，通过实习单位等开展廉洁教育。大学生实习阶段是他们从校园走向社会的过渡期，也是廉洁教育不可忽视的重要时期。不少人认为大学生进入实习阶段，就已经步入社会，与学校的联系慢慢变少了，加上对大学生集中开展理论教育往往在大一、大二阶段，因此在大学生进入实习期后，高校对他们的关注度会减少。在这个时期，大学生的生活、学习环境发生了较大的变化，当直面腐败行为时，他们会感到困惑，而此时教师不在身边，实习单位要承担起加强大学生廉洁教育的责任，及时发现问题，通过正确的引导帮助大学生坚定廉洁价值观。

第四，通过廉政教育基地等开展廉洁教育。近年来，我国建立了不少廉政教育基地，这些基地也成为开展大学生社会廉洁教育的重要场所，不少高校组织学生到廉政教育基地开展实践活动，取得了良好的教育效果。但同时我们也注意到，利用这些地方开展廉洁教育，往往仅仅是学生到廉政基地参观，倾听简单的讲解，并不能够达到令人满意的效果。廉政教育基地要主动走进学校、走近学生，通过举办图片展、宣讲会等积极发挥自身的社会教育功能。

第五，积极发挥社区的功能。大学生除了在校时间，居住在社区的时间占比非常高，而且随着社会的进步和发展，社区环境不断优化提升，人们更加依赖社区，也愿意在社区开展各类活动。通过社区开展廉洁教育，提升大学生廉洁意识具有地域上的便利性和优越性。以社区为主体开展廉洁教育，方式灵活多样、时间可长可短，机动性较强。大学生成为社会人后，除了工作单位外，社区成为与他们生活息息相关的场所，利用好社区积极开展多种形式的廉洁教育，将成为大学生廉洁教育的重要和有力补充。

3. 以家庭为主体开展廉洁教育

家庭是社会的细胞，社会是由一个个家庭组成的。家庭在廉洁教育中扮演着重要的角色，崇尚廉洁的家风对大学生具有正向影响。廉洁教育要从家庭开始，从小事开始，从点滴开始。

第一，以家庭为单位传递廉洁之风。中国共产党确立了立党为公、执政为民的信念，老一辈的革命家一直坚守信念，倡导清廉家风。刘少奇同志曾经专门召开家庭会议，规定不允许家人以他的名义办事。我们应该传承这种优良家风。家庭成员可以通过参与社区廉洁主题活动和相互谈心等形式，认识腐败对家庭、社会和国家的危害，树立良好家风。

第二，开展家人助廉，营造廉洁家庭氛围。家庭既可以是助推腐败的温床，也可以是抵制腐败的坚强柱石。积极开展家人助廉，使大学生认识到坚持廉洁的价值观，生活也许会清贫而平淡，却能够使家庭安宁和谐。父母是孩子的第一任老师，父母的言行时时刻刻在潜移默化地影响着孩子。父母保持廉洁，并时刻提醒子女，对子女坚守廉洁价值观意义非凡。伴侣是共进退同生活之人，要劝导、监督自己的伴侣廉洁做人廉洁做事，不要怂恿甚至帮助伴侣行腐败之事，要营造健康向上的家庭氛围，对生活积极乐观，促进彼此清正廉洁。大学生在学校接受廉洁教育，还要把这种廉洁观念带回家里，做到廉洁自律。

第三，廉洁是家庭幸福的保障。家庭是所有家人的港湾。我们要树立正确的幸福观，家人希望的幸福绝不是贪腐带来的一时快感和物质的充裕，如果心中只有钱和权，丧失人性和亲情，将会给家人带来无尽的伤害。诸多事实向我们证明，腐败会给家庭带来不幸，不仅自己锒铛入狱，还会连累家人，因此，为使家庭幸福美满，必须坚持廉洁自律，拒绝贪腐。

总之，家廉则宁，国廉则安。家庭中的每一个成员都应该树立正确的廉洁观，不断强化廉洁意识，自觉同腐败行为作斗争，自觉践行廉洁行为。廉洁，需要从我做起，从小事做起，从家庭做起。我们要树立清正廉洁家风，打造家庭坚实的廉洁防御墙。

4. 积极发挥大学生自身的主观能动性

大学生廉洁品质的养成是一个长期、渐进的过程。新时代大学生廉洁教育需要大学生积极发挥主观能动性，自我学习、不断内化。

第一，大学生要全面加强自我修养。在中国古代，修养多用来指代完美人格，养成这种人格，需要培养高尚的道德品质和正确的为人处世态度，同时还需要不断求取学识，全面提升自身素养。培养良好的修养，需要从严自律，修身正心，自觉养成清正廉洁的品性，以优秀的道德规范要求自己。此外，要始终保持学习新知识的自觉性、紧迫感，把学习作为一种觉悟、责任、追求和境界。大学生只有勤于学习才能有适应力，才能不断创新，更好地适应新时代的新要求。作为新时代的大学生，只有全面加强自我修养才能在纷繁多变的社会中保持初心，恪守廉洁底线。

第二，大学生要加强自我教育。新时代的大学生随着年龄的增长表现出自主性强等一系列特点。引导新时代大学生发挥主观能动性，加强自我教育对提升大学生廉洁教育实效性作用匪浅。自我教育可以是大学生利用网络媒体等自主了解廉洁的相关理论知识。新时代的大学生是网络的生力军，对网络依赖性高，同时也更善于应用网络，利用新时代大学生的这个特点，帮助他们自主开展网络廉洁教育更容易达到教育效果。自我教育可以是大学生主动开展各类活动。调研结果显示，不少高校目前都有廉洁社团，大学生可以通过廉洁社团开展各类活动，达到廉洁教育的目的。自我教育可以是大学生主动寻求指导和帮助。新时代的大学生较之以往更愿意自己发现问题和解决问题，当他们遭遇困惑的时候，更倾向于主动寻求帮助。我们要鼓励大学生通过正规渠道寻求帮助。自我教育可以是大学生利用翻转课堂、慕课、微信等，变被动学习为主动学习。

（二）新时代大学生廉洁教育的组织机制

为深入开展大学生廉洁教育，为大学生廉洁教育提供组织保障，高效的组织机制是基础。高校和社会作为开展新时代大学生廉洁教育的主体，都需要建立自身的组织机制，从而更为积极地发挥作用，实现新时代大学生廉洁教育的有序开展。

1. 高校廉洁教育组织机制建设

高校廉洁教育是一项系统工程，必须形成由党委统一领导、党政齐抓共管、各部门密切配合、全体师生共同参与的工作机制，为大学生廉洁教育提供坚强有力的组织保障，确保大学生廉洁教育取得实效。

第一，明确党委统一领导。高校开展大学生廉洁教育不是一个或几个部门能够完成的，需要党委的统一领导。《中华人民共和国教育法》规定，高等学校实行中国共产党高等学校基层委员会领导下的校长负责制。中纪委等六部门联合下发的《关于加强廉政文化建设的意见》指出，各级党委和政府对加强廉政文化建设负有重要领导责任。高校党委是开展新时代大学生廉洁教育的领导核心，做好科学合理的规划是确保工作良性开展的保障。学校党委一方面要将廉洁教育纳入高校整体工作规划，融入学校思想政治工作和精神文明建设的各个环节，同时还需要制订科学合理的廉洁教育规划方案，要立足当前，着眼长远，统一思想，明确责任。高校党委要充分认识新时代开展大学生廉洁教育的重要意义，确定廉洁教育的目标、原则和方法、步骤。

高校可以根据自身实际情况，成立党委领导，党委书记、校长为主要参与人的廉洁教育领导机构，将大学生廉洁教育纳入党风廉政建设，由高校各级党组织和行政部门的领导班子对廉洁教育负全面责任，一把手负主要责任，具体分管领导负直接责任，真正将廉洁教育这项工作落到实处。高校党委要积极谋划廉洁教育的实施办法，开展舆论阵地建设等，扎实推进新时代大学生廉洁教育的全面开展。

第二，纪委主动组织协调。新时代大学生廉洁教育不仅仅是思政课教师或廉洁教育专职教师的工作，还是一项需要组织协调，调动各个部门主动性和积极性的工作。高校纪委具有协助党委做好党风廉政建设和组织协调反腐败工作的重要职责，组织协调好大学生廉洁教育是其应尽之责。高校纪委应该在党委的大力支持下，充分发挥自身权威性、专业性的优势，在校园廉政文化建设的整体规划之中，将大学生廉洁教育作为重要的组成部分，统筹协调职能部门和各院系积极开展廉洁教育。同时，高校纪委应进一步细化分解大学生廉洁教育的目标任务，明确职责，层层压实责任，各行政部门、教学单位、校团委、校学生工作处要通力合作，确保大学生廉洁教育有条不紊地开展。

第三，马克思主义学院积极发挥主力军的作用。各个高校的马克思主义学院应当成为开展大学生廉洁教育的主力军，将大学生廉洁教育与全员育人、全过程育人和全方位育人相结合，形成大学生廉洁教育的合力。课堂教学是新时代大学生廉洁教育的主要阵地，我们要在马克思主义学院各学科的教学中充分融入廉洁教育内容，或者逐步培养一批以廉洁教育为主的专业课教师，以固定课时的形式开展廉洁教育。此外，马克思主义学院要拓展教育载体和渠道，通过微课、慕课等多种形式主动开展大学生廉洁教育。

第四，各部门共同配合。大学生廉洁教育需要有一支教书育人、管理育人、服务育人的全员育人队伍，充分调动各个部门和全体师生员工的积极性。高校可以以宣传部门或工会为主体开展师德提升工程，通过教师身先示范的榜样作用引领大学生树立廉洁自律意识，也可以以学生工作处、招生就业处、团委为主体抓好关键节点和关键人员的廉洁教育，如在新生入学、毕业生离校、实习见习等节点及时开展廉洁教育；对学生干部、学生党员开展培训、讲座，强化他们的纪律规矩意识；在寒暑假期间，利用社会实践、三下乡或社区志愿服务等契机，增强大学生的历史使命感和社会责任感，将廉洁教育的课堂由校园延伸至社会；成立廉洁教育学生社团，积极开展丰富多彩的主题活动，在大学生之间传递廉洁价值观。

2. 社会廉洁教育组织机制建设

大学生廉洁教育还需要发挥社会教育的作用，积极开展社会廉洁教育，形成教育合力，从而达到大学生廉洁意识普遍提升的目的。建立健全社会廉洁教育的组织机制是做好社会廉洁教育的关键，社会不同机构应在适合自身管理的模式下建立党委统一领导、党政齐抓共管、纪委组织协调、相关部门密切配合、群众广泛参与的廉洁教育组织机制，做好自身部门的廉洁教育，形成良好的廉洁教育氛围，为前来实习就业的大学生提供全面的廉洁教育。其中，党委统一领导是关键，党政齐抓共管是优势，纪委组织协调是重点，相关部门密切配合是保证，群众广泛参与是基础。

社会机构要将廉洁教育纳入政府廉政建设责任制，明确“一把手”的责任，不断完善机构设置、人员配置。各级纪委应积极发挥协调、监督作用，组织人事和宣传部门做好经常性的廉洁教育工作，利用广播、电视、报刊、互联网等媒体营造反腐倡廉的舆论氛围，理论政策研究部门要加强党风廉政建设理论研究。

（三）新时代大学生廉洁教育的保障机制

保障机制为大学生廉洁教育的顺利开展提供坚强后盾，高校保障机制的建设需要从思想上重视、完善相关制度、提供配套资金等方面入手，社会保障机制的建设则需要从加强宣传、设立专项建设资金等方面入手。

1. 高校廉洁教育的保障机制建设

新时代大学生廉洁教育是一项系统工程，不能靠一个部门或者几个部门的力量，需要形成合力，这就需要进行机制建设。在机制建设中，保障机制建设是确保廉洁教育活动能够开展有效的前提。

第一，从思想上重视。有的高校领导认为廉洁教育的主要对象是党政领导干部，没有将大学生作为廉洁教育的主要对象；有的高校领导认为学校是一方净土，开展大学生廉洁教育费时费力，会给正常教学工作增加难度；有的高校领导认为廉洁教育就是制定好制度，出问题时惩治就可以了，自然而然能达到警示教育的效果。正因为有以上漠视廉洁教育思想的存在，才导致一些高校对大学生廉洁教育重视程度不够。高校应认识到大学生廉洁教育是高校立德树人的具体举措，是国家反腐倡廉工程的重要组成部分，是培养新时代中国特色社会主义事业建设者和接班人的必然要求。从思想上重视，才能为大学生廉洁教育的开展提供足够的人力、物力和财力支持，才能促进大学生廉洁教育的深入开展并取得实效。

第二，完善相关制度。制度能够通过规范、约束和监督大学生行为的方式，形成一种内聚力和约束力，促进大学生将内心的廉洁意识转化为具体行为。因此，完善相关制度是推动新时代大学生廉洁教育良性发展的保障，是建设社会主义和谐校园的需要，也是高校反腐倡廉工作的重要组成部分。

新时代大学生廉洁教育制度建设至少应当包括这样几方面的内容：其一，关于新时代大学生廉洁教育内容的相关制度。相关制度应涵盖大学生廉洁教育课程实施方案、标准等具体细则的规定。其二，关于新时代大学生廉洁教育队伍建设的相关制度。相关制度应涵盖教师评聘办法和培训制度等，尤其是培训制度，应针对党政干部、思政课（廉洁教育课）教师、学工队伍、学生干部等不同类别的人群开展不同的培训。其三，关于新时代大学生廉洁教育工作的相关制度。相关制度应涵盖大学生廉洁教育具体工作的行为规范，如教师工作条例、大学生廉洁教育管理条例、相关社团管理规范等。其四，关于大学生廉洁教育评价的相关制度。为确保评价的科学性，既需要有过程性评价也需要有终结性评价，既需要有定性的评价也需要有定量的评价。

廉洁教育制度能够保障大学生廉洁教育顺利进行，为“不能腐”“不敢腐”提供制度支持，通过建立大学生廉洁教育制度，逐步营造广大学生崇尚廉洁、诚实守信、遵纪守法的制度环境。

第三，提供配套资金。新时代大学生廉洁教育的顺利开展需要各类保障，其中资金的支持必不可少。营造崇尚廉洁的校园文化环境，积极开展各类廉洁教育活动，加强对廉洁教育者的培训等需要人力、物力、财力，尤其是资金的投入。高校应将廉洁教育经费纳入学校整体预算，完善廉洁教育的经费保障机制，确保廉洁教育能够持续推进。高校应推进廉洁教育基础设施建设，发挥图书、广播、网络、校园活动等的廉洁育人功能。同时，高校应积极探索新的融资渠道，加大对社会资本的引进力度，逐步形成以学校投入为主、社会多渠道投入的经费保障制度。

2. 社会廉洁教育的保障机制建设

新时代大学生廉洁教育不仅仅是高校的事，更需要全社会的共同关注，要形成党委统一领导、党政齐抓共管、有关部门各负其责、全社会协同配合的工作格局。我们要将保持廉洁作为引领时代发展、全社会认同的价值取向和行为准则，积极开展社会廉洁教育，并与学校廉洁教育形成合力，共同促进大学生廉洁意识的不断提升。

宣传教育是社会廉洁教育的主要方式。我们要广泛开展示范教育和警示教育，开展各种类型的廉洁专题教育，不断加强各级机关工作人员的党性修养和廉洁素质。同时，我们要积极推进廉洁文化进社区、进农村、进企业、进家庭，努力在全社会形成尊廉崇廉的良好氛围。

我们可以在社区开辟廉洁教育宣传栏、设立廉洁主题读书角、建设廉洁主题长廊等，在家门口开展廉洁教育，实现高校、社会廉洁教育一体化；可以开展廉洁文化进农村活动，将廉洁文化建设与基层民主建设有机结合起来，实现城市、农村廉洁教育全覆盖；可以在不同社会机构、企事业单位定期开展廉洁讲座、廉洁读书会等，形成良好的廉洁氛围。此外，我们还可以通过微信、微博、报纸、电台、电视等，积极宣传廉洁典型，传承廉洁文化。

开展社会廉洁教育需要物质的强有力支持，政府主管部门可以通过设立专项建设资金的形式，定向给予能够独立开展社会廉洁教育的机构，如公共图书馆、博物馆、廉政教育基地等持续的资金支持，扶持它们面向社会全体成员开展廉洁教育。

（四）新时代大学生廉洁教育的评价机制

通过对新时代大学生廉洁教育进行评价，我们可以及时了解存在的问题并及时解决，从而达到更好的教育效果。评价需要有一定时间段和数量的跟踪，鉴于实际操作的可行性，笔者仅对新时代大学生廉洁教育的评价机制建设进行简单的论述，社会的评价机制建设由于难以跟踪社会廉洁教育的效果，因此在论述时仅做一般性的说明。

1. 明确善恶道德标准

善和恶是评价道德行为最为简单的标准。善是在社会关系中表现出来的对他人、对社会有利的正向行为；恶则是对他人、对社会有害，会产生负面影响的行为。大学生崇尚廉洁、坚持原则、廉洁奉公，走上工作岗位后秉公办事，促进社会的进步和发展，自然是善；而在大学习期间的“微腐败”，不遵守学纪、考纪，走上工作岗位后大搞权权交易、权钱交易，对社会造成危害，必然是恶。因此，我们需要首先确立善恶的标准，明确廉洁和腐败的界限。

对不廉洁的行为，我们要有道德舆论上的扬善弃恶，对够不上犯罪的不廉洁行为，在道德舆论上必须给予谴责，使得行为人自身产生耻辱感。耻辱就是一种内向的愤怒①，它能够使行为主体自省、自责，从而远离不廉洁的行为。

2. 完善新时代大学生廉洁教育的评价机制

建立监督考评机制。建立监督考评机制的目的是评估廉洁教育效果、规范师生廉洁行为，这对高校廉洁教育的高效开展具有重要的促进作用和现实意义②。监督考评对象包括教学管理者、施教者与受教大学生。为确保廉洁教育落到实处，高校可建立由校纪委组织，教务处、学工部、校团委等相关部门人员组成的督导小组，对大学生廉洁教育的相关情况开展监督。通过走访师生，督导小组听取意见，及时了解师生对廉洁教育的态度及要求，并采取改进措施，提高廉洁教育的效果。

设立多层次的评价机制。我们可以设立和完善大学生廉洁教育评价体系，采取同行评价和督导评价等形式，督促教师做好自我评价。同时，我们可以引入社会第三方评价，综合评价思政课（廉洁教育课程）教学质量，并将评价结果与教师职称评审、绩效考核挂钩。在评价中我们要注意定性与定量、内部与外部、过程与结果的结合。仅仅使用定量方法，并不能充分反映教师的实际情况，许多评价内容不能用数量关系予以清晰表示，一味地用定量方法进行评价会影响评价的信度和效度。因此，在评价时，我们可以多采用一

---

① 中共中央马克思恩格斯列宁斯大林著作编译局. 马克思恩格斯全集（第一卷）［M］. 人民出版社，1956：407.

② 常天义、王开业. 高等学校反腐败概论［M］. 哈尔滨：哈尔滨工程大学出版社，2007：65-68.

些定性方法，如座谈会、问卷调查、个别访谈等。此外，我们要充分发挥学生、家长在教师评价中的作用，充分听取他们的意见，不断制订切合实际的改进方案。

3. 建立新时代大学生廉洁教育的反馈机制

我们应建立合理的反馈机制，将在大学生廉洁教育评价中发现的问题、有益的建议传导给教师，以便于有的放矢地开展下一步的教育活动。我们可以通过学生座谈会、问卷调查、个别访谈的形式及时掌握学生思想上出现的问题，改进教育方法；通过家长座谈会、网络调研等形式，了解学生家庭情况、学生在家庭中的基本态度和表现，从而更加全面真实地了解大学生廉洁教育的效果；通过大学生实习单位和社会实践单位开展调研，可以了解学生在离开校园、步入社会后对廉洁教育的反馈意见。通过反馈机制，我们可以及时发现问题、更新教育内容和改进教育方法，从而促进新时代大学生廉洁教育更好开展。

第六章　加强新时代大学生廉洁教育的路径探索

大学生廉洁教育的重要性和必要性已经毋庸置疑，新时代如何加强大学生廉洁教育成为越来越重要的课题。提高认识、建立相应的保障性措施能够为开展廉洁教育打好基础。为进一步提升廉洁教育效果，我们还需要对新时代大学生廉洁教育的内容体系、廉洁教育的载体和途径、廉洁教育环境建设等进行深入的探索，以期能够达到更好的育人效果，实现新时代大学生廉洁意识不断提升，自觉坚持践行廉洁行为的目的。

一、丰富新时代大学生廉洁教育的内容体系

开展新时代大学生廉洁教育，起点和基础性工作是不断丰富与完善大学生廉洁教育的内容体系。我们既要学习经典著作中的廉洁教育理论，也需要继承中华优秀传统文化中的廉洁教育思想，更需要借鉴已有的廉洁教育理论成果并总结新时代的廉洁教育理论成果，从而构成符合新时代大学生性格特点、精神需求、发展需要的廉洁教育内容体系。

（一）经典著作中的廉洁教育理论

经典著作中的廉洁教育理论是开展新时代大学生廉洁教育最为重要的理论依据，其中理想信念教育理论、人民群众理论、诚信和

公正理论以及反腐败理论是新时代大学生廉洁教育的重要理论来源，新时代大学生要深入学习、正确运用。

1. 理想信念教育理论

理想信念反映的是人对社会和自身发展的期望。不同的理想信念造就不同的人生，也引导着人们用不同的期待值去面对和改造自然与社会。在“四有新人”的目标中，“有理想”处于核心位置，这表明理想信念与人生关系重大。大学生在大学阶段，会逐步形成自己的人生观和价值观，具有什么样的理想和信念是决定他们未来发展方向的关键。只有树立高尚的理想信念，大学生才能在未来的工作和生活中不偏离主线。

历史唯物主义认为，理想信念是人们的政治信仰和世界观在奋斗目标上的集中体现。习近平总书记曾讲到，古人说“先立乎其大者，则其小者弗能夺也”。万物得其本者生，百事得其道者成。没有理想信念，理想信念不坚定，精神上就会“缺钙”，就会得“软骨病”，要炼就“金刚不坏之身”，必须用科学理论武装头脑，不断培植我们的精神家园……之所以不断强调坚定理想信念，是因为这是事关马克思主义政党、社会主义国家的精神力量和前途命运的根本问题①。理想信念，是一个政党治国理政的旗帜，是一个民族奋力前行的向导②，可以说，有什么样的理想信念，就会有什么样的行为表现。

大学期间，大学生会面临一系列的人生选择，包括人生目标的确立、生活态度的形成、知识的储备、工作岗位的确定等，他们同时面临的还有择友、恋爱以及遭遇挫折时如何克服困难，遭遇诱惑

① 习近平. 推进党的建设新的伟大工程要一以贯之［J］. 求是，2019（19）：4-15.

② 中共中央文献研究室. 十六大以来重要文献选编（中）［M］. 北京：中央文献出版社，2006：636.

时如何坚持正确的价值观等。这些问题的解决，都需要大学生具有坚定的理想信念。大学生确立理想信念，对他们将来的发展会产生巨大的影响。大学生要将自己的个人价值与社会价值统一起来，将个人的理想信念与国家的发展联系起来，深刻认识自己的未来是与全面建成小康社会和实现社会主义现代化紧密相连的，是与中华民族的伟大复兴紧密相连的，是与国家富强、民族复兴紧密相连的。大学生应将个人的前途命运与祖国的繁荣昌盛紧密联系在一起，充分发挥理想信念的重要作用。

引导新时代的大学生树立坚定的理想信念，就是要坚持运用马克思主义的立场、观点和方法来认识世界，在实践中不断坚定自己的信仰。大学生通过学习马克思主义理论，坚定马克思主义信仰，坚持社会主义和共产主义信念，愿意为共产主义奋斗终生。

2. 人民群众理论

经典著作中有很多关于人民群众理论的论述，学习这些论述对大学生廉洁教育的开展具有十分重要的意义。只要深刻认识到人民群众的伟大作用，时刻将人民群众的利益放在首位，就能在面临诱惑和困惑时作出正确的选择，就能将保持清正廉洁作为维护人民利益的准则。

马克思和恩格斯指出，过去的一切运动都是少数人的或者为少数人谋利益的运动。无产阶级的运动是绝大多数人的、为绝大多数人谋利益的独立的运动①。毛泽东指出，我们共产党人区别于其他任何政党的又一个显著的标志，就是和最广大的人民群众取得最密切的联系②。

---

① 中共中央马克思恩格斯列宁斯大林著作编译局. 马克思恩格斯选集（第一卷）[M]. 北京：人民出版社，1995：283.

② 毛泽东. 毛泽东选集（第三卷）[M]. 北京：人民出版社，1991：1094.

我们要加强对新时代大学生开展人民群众理论教育，使大学生明白党的执政能力和执政地位来自人民，人民群众是党的力量源泉，没有人民群众的拥护和支持，党就会走向灭亡，明白中国共产党执政，就是要依靠和组织广大人民群众，维护人民的利益，从而确保大学生走上工作岗位后，能够在各行各业工作时始终不忘记要站在人民的立场，维护人民的利益。

3. 诚信和公正理论

诚信和公正是马克思主义廉洁理论的重要内容。马克思、恩格斯认为剥削阶级是欺诈的集团，他们大肆挥霍社会财富，怂恿大规模的金融诈骗[①]。它用昔日的破旧面具掩盖今天贪污腐化之盛行，掩盖最腐朽的寄生集团——金融骗子们的得逞[②]。恩格斯对公平理念作出了这样的诠释：一切人，或至少是一个国家的一切公民，或一个社会的一切成员，都应当有平等的政治地位和社会地位[③]。在马克思看来，只有共产主义才能真正实现社会的公平和正义。因为共产主义社会可以结束牺牲一些人的利益来满足另一些人的需要的状况；彻底消灭阶级和阶级对立；通过消除旧的分工，通过产业教育，变换工种，所有人共同享受大家创造出来的福利，通过城乡的融合，使社会全体成员的才能得到全面的发展[④]。

对新时代的大学生加强诚信和公正等理念的教育，能够帮助他们正确认识社会主义国家与资本主义国家的不同本质，认识剥削、

---

① 中共中央马克思恩格斯列宁斯大林著作编译局. 马克思恩格斯选集（第三卷）[M]. 北京：人民出版社，1995：61.

② 中共中央马克思恩格斯列宁斯大林著作编译局. 马克思恩格斯选集（第三卷）[M]. 北京：人民出版社，1995：93.

③ 中共中央马克思恩格斯列宁斯大林著作编译局. 马克思恩格斯选集（第三卷）[M]. 北京：人民出版社，1995：444.

④ 中共中央马克思恩格斯列宁斯大林著作编译局. 马克思恩格斯选集（第一卷）[M]. 北京：人民出版社，1995：243.

欺诈的本质和腐败的根源，认清只有在中国共产党的领导下才能真正实现社会的公平和正义，从而更好地引导新时代的大学生坚守诚实守信、公平公正的原则底线，为其未来能够廉洁行事奠定基础。诚实、守信、公平、公正等作为朴素的道德价值观，一直伴随着大学生的成长，但都是零散的、不成体系的。我们应将这些观念系统化、理论化地传递给大学生，使其成为大学生自觉坚守的原则与底线，它们是新时代大学生廉洁教育的重要内容。

4\. 反腐败理论

经典著作中关于腐败和反腐败的一系列论述，是新时代大学生廉洁教育的重要内容。列宁对腐败深恶痛绝，他曾明确指出，政治上有教养的人是不会贪污受贿的①。为了保持党的纯洁性，列宁强调，必须把欺骗分子、官僚化分子、不忠诚分子和不坚定的共产党员，以及虽然“改头换面”但内心里依然故我的孟什维克从党内清除出去②。毛泽东深刻地认识到共产党员保持廉洁的重要性。他强调，共产党员在政府工作中，应该是十分廉洁……而大公无私，积极努力，克己奉公，埋头苦干的精神，才是可尊敬的③。

新时代的大学生身处社会转型发展时期，同时由于互联网等媒体的广泛运用和多元价值观的影响，他们较早地接触到一些腐败的现象和行为。在原本应该是纯洁的大学校园和原本应该是单纯的同学关系中，形式多样的“微腐败”行为出现了，如奖学金评定中的拉票行为、学生会中的“尚权”行为、考试中的作弊问题、实习中的拉关系等，这些行为算不上违法，但是违反道德，如果不加以干

---

① 中共中央马克思恩格斯列宁斯大林著作编译局．列宁选集（第四卷）[M]．北京：人民出版社，1995：588.

② 中共中央马克思恩格斯列宁斯大林著作编译局．列宁选集（第四卷）[M]．北京：人民出版社，1995：562.

③ 毛泽东．毛泽东选集（第二卷）[M]．北京：人民出版社，1991：522.

涉，很容易在大学生走入社会后演变成更为严重的腐败行为。高校应将经典著作中关于反腐败的内容纳入大学生廉洁教育，加强大学生对反腐败的认识和教育，帮助他们抵御不良价值观的影响，主动认识到腐败的危害，自觉树立大公无私、廉洁奉公的观念，努力为社会、为人民多做实事。

（二）继承中华优秀传统文化中的廉洁教育思想

中华传统文化中有许多精华，高校应当将其融入大学生廉洁教育体系。习近平总书记在主持十八届中央政治局第五次集体学习时强调指出，历史的经验值得注意，历史的教训更应引以为戒。积极借鉴我国历史上优秀廉政文化，了解我国古代廉政文化，不断提高拒腐防变和抵御风险的能力①。中华传统文化中的廉洁内容，至少在三个方面很有价值，应该成为新时代大学生廉洁教育的重要内容，即儒家文化中的廉政思想、民间文学作品中崇廉拒腐的思想以及良好家风家训中的廉洁思想。将这些内容融入大学生廉洁教育，发挥中华优秀传统文化的优势，能够给大学生廉洁教育带来更加丰富和生动的内容。

1. 儒家文化中的廉政思想

中华五千多年历史有很多关于廉洁的优秀文化，尤其是在儒家“修齐治平”的政治理念中，廉政一直是儒家文化的核心命题。在儒家文化视域下，政治意味着“廉”的国家政治、“廉”的执政精英。儒家重要典籍《周礼》有云：“一曰廉善，二曰廉能，三曰廉敬，四曰廉正，五曰廉洁，六曰廉辨。”这六个“廉”其实是对官员廉洁行政作出的全面规范。《论语》亦有云：“为政以德，譬如北辰，居其所而众星共之。”讲德政，其实是在讲官员的廉洁行为，只有清正公

① 习近平．习近平谈治国理政［M］．北京：外文出版社，2014：390.

平、为民谋福利，方能被人民拥戴。其他诸如“廉者，民之表也”“廉者，仕之本也”“廉耻，立人之大节”“廉耻者，士人之美节”等俯拾皆是。

此外，我国传统清官文化也一直关注和推崇清正廉洁，如屈原《楚辞·招魂》中的“朕幼清以廉洁兮，身服义而未沫”，意思是“我幼时秉持清廉的德行，献身于道义而未曾有懈怠”。包拯、海瑞、于成龙等为民申冤请愿的清官，都成了百姓交口称赞的好官。

这些传统文化中关于廉洁、廉政的思想，应当成为新时代大学生廉洁教育的重要内容，这些思想因为耳熟能详而更容易被学生接受。我们应积极汲取这些优秀的传统文化，不断丰富和完善大学生廉洁教育的内容，同时可以不断总结，推陈出新，挖掘出更多深层次也更适合时代的廉洁文化资源，以更好开展大学生廉洁教育。

2. 民间文学作品中崇廉拒腐的思想

从古至今，从诗词歌赋到小说杂谈，其中不乏抑恶扬善、揭腐倡廉的篇章，这是百姓渴求廉洁清正的为政者的体现，与此同时，也对百姓和为政者起到了教化、警示的作用。《诗经》中既有对周朝先王勤政爱民、政治清明、社会安定和国家强盛的歌颂，又有对西周后期黑色政治的揭露。《史记》中表达的君权制约思想更是反映出作者对廉洁政治的渴望。魏晋南北朝时期充满了战争、杀戮、抢夺，人们流离失所、饥寒交迫，因此更加渴求政治清明，对统治者的贪婪腐朽充满厌恶。魏晋小说和散文抨击了腐败的政治，同时也表达了人们对廉洁的向往。唐朝是我国诗歌发展的顶峰时期，其中托物言志、直抒讽意的廉诗，用不同的形式表达了人民对廉洁的赞美和渴望。

元曲、元杂剧是我国民间艺术发展的高峰。尤其是元杂剧，它是产生于民间的戏曲形式，其作者和广大受众都来自社会底层，反映的是这些民众的思想，具有很强的群众性和现实性，是当时人民鞭挞黑暗政治、揭露统治者腐朽、歌颂官员清廉的主要武器。如元杂剧中的公案戏主要塑造了一批清官的正面形象，主要有宋朝的包拯、金朝的王修然等，并对他们忠贞正直、嫉恶如仇、为民请命和打击强权进行了赞美。明清是我国古代小说发展的成熟期，其中表现反对腐败、渴望廉洁的小说比比皆是，如《儒林外史》以辛辣的笔法描写了当时官吏的贪污腐败、科举制度的落后，《官场现形记》《二十年目睹之怪现状》更是通过描写一群贪污腐败、昏庸无能的封建官僚来讽刺和打击官场。

在我国漫长的历史进程中，各种各样的民间文学艺术作品层出不穷，它们具有极高的艺术价值，同时还包含了很多深刻的道理和先进的思想。对大学生进行这些民间文学艺术作品的教育熏陶，一方面可以让他们了解我国自古以来的崇廉拒腐的优秀文化，另一方面也可以让他们从历史的角度认识在历史的长河中，廉洁始终是令人敬仰的，贪腐无论在哪个时代都是令人唾弃的，从而进一步帮助他们树立廉洁向上的价值观。

3. 良好家风家训中的廉洁思想

家庭是社会的基本单位，家庭的风气关系到每个家庭成员的道德观、价值观。中国自古以来就十分重视良好家风家训的传承。进入新时代，家风家训更是作为开展反腐倡廉教育的重要抓手。2016 年 12 月 12 日，习近平总书记在会见第一届全国文明家庭代表时指出，中华民族历来重视家庭。无论时代如何变化，无论经济社会如何发展，家庭的社会功能都不可替代，希望大家注重家庭、注重家教、注重家风①。习近平总书记还指出，家庭是人生的第一个课堂，

① 习近平. 习近平谈治国理政（第二卷）［M］. 北京：外文出版社，2017：353-355.

父母是孩子的第一任老师。家庭教育涉及很多方面，但最重要的是品德教育，是如何做人的教育。要把美好的道德观念从小就传递给孩子，引导他们有做人的气节和骨气，帮助他们形成美好心灵，促使他们健康成长，长大后成为对国家和人民有用的人①。

我国传统文化中有很多关于廉洁的家风家训，通过传承家风家训，将廉洁的品质传递给子孙，这样既形成了优良的家风，也确保了后世子孙崇尚廉洁的良好品质。清代吴汝纶在《谕儿书》中写道："作官之钱，皆取之百姓，非好钱也，故好官必不爱钱，吾虽无德，岂愿以此等钱豢养汝曹、私妻子哉?"民族英雄林则徐在国家危难时重义轻利，留下了"子孙若如我，留钱做什么?贤而多财，则损其志。子孙不如我，留钱做什么?愚而多财，益增其过"的家训。这些都是传统家风家训中告诫子孙清廉尚德的例子。

在新时代的背景下，我们应深入挖掘中华优秀传统文化中的家风家训，并将它们传授给大学生，作为开展大学生廉洁教育的重要补充。此外，这些家风家训还可以在家庭成员之间传播，家庭成员之间互相学习和交流，形成家庭共识，创建廉洁家庭，使家庭成为廉洁社会的一分子，为整个廉洁社会的构建添砖加瓦。

（三）廉洁教育理论成果

开展新时代大学生廉洁教育，我们要在已有的廉洁教育理论成果基础上与时俱进地结合新时代大学生的特点和需求，把新时代党的最新理论成果、典型案例、各种主题教育的相关内容等充实进来，努力建立起完善丰富的廉洁教育理论体系。

2005年，中共中央颁布了《建立健全教育、制度、监督并重的

① 习近平. 习近平谈治国理政（第二卷）［M］. 北京：外文出版社，2017：353-355.

惩治和预防腐败体系实施纲要》。2007 年，教育部下发了《教育部关于在大中小学全面开展廉洁教育的意见》。2017 年，中共中央、国务院下发了《关于加强和改进新形势下高校思想政治工作的意见》。2017 年，教育部党组下发了《高校思想政治工作质量提升工程实施纲要》。这一系列文件的下达，对新时代开展廉洁教育提出了明确的指导意见，为我们进一步开展大学生廉洁教育提供了方向和切实可行的方法、措施和政策保障。我们要深入领会中央和教育部的文件精神，有的放矢地开展大学生廉洁教育。

1. 社会主义核心价值观

社会主义核心价值观是社会主义核心价值体系的精髓所在，集中反映了社会主义核心价值体系的理论要义和实践要求。2006 年 10 月，党的十六届六中全会第一次明确提出了“建设社会主义核心价值体系”的重大命题和战略任务。2007 年 10 月，党的十七大进一步指出了社会主义核心价值体系是社会主义意识形态的本质体现。2011 年 10 月，党的十七届六中全会强调，社会主义核心价值体系是“兴国之魂”。2012 年 11 月，党的十八大报告明确提出“三个倡导”，即倡导富强、民主、文明、和谐，倡导自由、平等、公正、法治，倡导爱国、敬业、诚信、友善，积极培育和践行社会主义核心价值观。

社会主义核心价值观从提出到逐步凝练出其内涵，是在实践的基础上不断丰富和发展的，它一经形成就焕发了强大的活力。社会主义核心价值观中要求的“倡导富强、民主、文明、和谐，倡导自由、平等、公正、法治，倡导爱国、敬业、诚信、友善”，也正是开展大学生廉洁教育的理论基础，应当成为新时代大学生廉洁教育的重要内容。

社会主义核心价值观可以从三个层面理解：富强、民主、文明、和谐是国家层面的价值目标；自由、平等、公正、法治是社会层面的价值取向；爱国、敬业、诚信、友善是公民个人层面的价值准则，这24个字是社会主义核心价值观的基本内容。但是我们应当认识到，虽然它们是从国家层面、社会层面和个人层面提出的价值标准，但是它们之间并不是割裂开来的，而是紧密联系在一起的，每一层面的关键词都与其他层面的关键词相互支撑，共同构成了一个完整的体系。

新时代大学生价值观不断变化，表现出了一些新的特点。社会主义核心价值观正是引导大学生树立正确价值观的基础。树立正确的价值观，犹如打好了根基，大学生廉洁教育就能够达到事半功倍的效果。因此，社会主义核心价值观理应成为大学生廉洁教育的重要内容。具体来看，社会主义核心价值观中的一些核心理念与大学生廉洁教育关系密切。

“平等”主要指的是公民在法律面前一律平等，它要求尊重和保障人权，人人依法享有平等参与、平等发展的权利；“公正”主要指的是社会公平和正义。大学生廉洁教育应当加入对平等、公平等观念的教育。只有认同平等、公平的价值观，大学生才能在未来生活、工作中追求这样的价值观。大学生就业以后，尤其是在掌握一定公共权力的时候，才能够坚持平等、公平的价值观，实现廉洁从业。因此，平等和公平是能够保持廉洁的基础，是廉洁教育的重要内容之一。“敬业”是对公民职业行为准则的价值评价，它要求公民忠于职守、克己奉公、服务人民、服务社会；“诚信”即诚实守信，它主要强调诚实劳动、信守承诺、诚恳待人。敬业、诚信是社会主义核心价值观中个人层面的价值标准，同样是大学生廉洁教育的重要内容。敬业、诚信是职业道德规范的重要内容，是践行廉洁行为的基础。新时代大学生应树立正确的择业观、就业观和从业观，确保工作后能够廉洁自律。

习近平总书记在党的十九大报告中指出，要培育和践行社会主义核心价值观。要以培养担当民族复兴大任的时代新人为着眼点，强化教育引导、实践养成、制度保障……把社会主义核心价值观融入社会发展各方面，转化为人们的情感认同和行为习惯①。新时代的大学生作为祖国未来的建设者和接班人，肩负着民族复兴的大任，对他们进行社会主义核心价值观理论的系统教育，是开展大学生廉洁教育的重要内容，是帮助大学生树立廉洁价值观的基础。

2. 反腐倡廉理论

反腐倡廉是党的建设的重要内容。中国共产党是中国工人阶级的先锋队，以全心全意为人民服务为唯一宗旨。我们党是代表人民执掌政权，党的全部活动都是为了保护和实现广大人民群众的利益②。中国共产党的先进性决定了她与腐败水火不容。因此，中国共产党在建党之初就非常重视反腐败问题，也形成了具有中国特色的反腐倡廉理论。这些也应当成为新时代大学生廉洁教育的重要内容。但与此同时，我们也应当注意到大学生的年龄和心理特点，要以正面引导为主，以反面警示案例为重要补充。

我们党在惩治腐败、倡导廉洁的过程中不断探索、创新，结合中国的实际情况，逐步形成了具有中国特色的反腐倡廉理论体系。这个理论体系高度重视人民主权，强调秉持立党为公、执政为民理念，高度强调意识形态建设和党的政治建设，高度关注制度建设在反腐倡廉中的作用，坚持共产党在反腐倡廉中的领导核心作用。通过长期努力，反腐倡廉的理论得到了丰富和发展，廉政文化建设取得了重大发展，这些都应当成为新时代大学生廉洁教育的重要内容。

---

① 习近平. 决胜全面建成小康社会 夺取新时代中国特色社会主义伟大胜利：在中国共产党第十九次全国代表大会上的报告［N］. 人民日报，2017-10-28.

② 中共中央文献研究室. 江泽民论有中国特色社会主义（专题摘编）［M］. 北京：中央文献出版社，2002：426.

我们应科学合理地应用这些理论成果对新时代的大学生开展廉洁教育。

党和国家在新中国成立后以廉政为主题，开展了一系列的文化教育活动。在活动形式上，注重贴近生活、贴近群众、贴近实际，如书画展、情景剧、讲座等；在内容选择上，既注重吸收传统廉政文化的营养，又充分借鉴吸收西方廉政文化理论成果；在活动范围上，积极推动廉政文化进社区、家庭、学校、企业和农村，不断增强全社会的反腐倡廉意识。这些理论和实践成果对新时代开展大学生廉洁教育都具有十分重要的启示意义。

习近平总书记非常关注廉政建设，在党的十八届一中全会上习近平总书记强调，作为党的高级干部，我们必须始终保持对马克思主义的坚定信仰、对共产主义和中国特色社会主义的坚定信念，始终把人民放在心中最高位置，把为党和人民事业贡献力量作为自己的最高追求，以此来增强政治定力和政治敏锐性，以此来提高抵御各种风险和经受住各种考验的能力①。在十八届中央纪委二次全会上习近平总书记指出，要加强对权力运行的制约和监督，把权力关进制度的笼子里，形成不敢腐的惩戒机制、不能腐的防范机制、不易腐的保障机制②。习近平总书记在党的十九大报告中指出，反腐败斗争形势依然严峻复杂，巩固压倒性态势、夺取压倒性胜利的决心必须坚如磐石③。党的十九届一中全会闭幕后，习近平总书记在同中外记者见面时强调，全面从严治党永远在路上，不能有任何喘

① 中共中央纪律检查委员会、中共中央文献研究室．习近平关于党风廉政建设和反腐败斗争论述摘编［M］．北京：中国方正出版社，2015：137.

② 习近平．习近平谈治国理政［M］．北京：外文出版社，2014：388.

③ 习近平．决胜全面建成小康社会　夺取新时代中国特色社会主义伟大胜利：在中国共产党第十九次全国代表大会上的报告［N］．人民日报，2017-10-28.

口气、歇歇脚的念头。党的十九大后，中共中央政治局召开民主生活会，习近平总书记提出明确要求，要增强政治定力、道德定力，构筑起不想腐的思想堤坝，清清白白做人、干干净净做事。党和国家领导人在多次重要会议、报告中关于反腐倡廉的指示，既显示了党和国家惩治腐败的决心，同时也对加强廉洁教育提出了要求。

新时代的大学生很快会成为未来社会主义事业的建设者和接班人，他们中的很多人会成为各个行业各个岗位上的主力军，廉洁教育要关口前移。我国反腐倡廉建设中的很多理论成果不仅对党员领导干部具有教育价值，对大学生也一样有意义。选择其中适合大学生的理论，尤其是一些正面典型对他们进行案例式的教育，既符合他们价值观形成的需要，也因为具有时代特征而易于被他们接受，同时榜样的正能量更容易被他们接纳，更容易达到良好的教育效果。

3. 党的十八大以来开展的各种主题教育

中国共产党善于通过各种学习实践活动开展教育，增强党员的理论素养。1998 年开展了以“讲学习、讲政治、讲正气”为主要内容的党性党风教育；2004 年开展了以实践“三个代表”重要思想为主要内容的保持共产党员先进性教育活动；2008 年开展了深入学习实践科学发展观活动；2010 年开展了创先争优活动。进入新时代以来，以习近平同志为核心的党中央先后在党内开展了多次教育活动，既加强了对党员的理论和实践教育，又丰富了党的建设理论，同时也是全面从严治党往纵深发展的具体举措，均取得了良好的教育效果，这些也应当成为新时代大学生廉洁教育的内容。

2013 年 4 月 19 日，中共中央政治局召开会议，决定从 2013 年下半年开始，用一年左右时间，在全党自上而下分批开展党的群众路线教育实践活动。2013 年 5 月 9 日，中共中央下发了《关于在全党深入开展党的群众路线教育实践活动的意见》，之后活动在全党陆续开展。2014 年 3 月 9 日，习近平总书记在参加十二届全国人大二次会议安徽代表团审议时，在推进作风建设的讲话中，提出“既严以修身、严以用权、严以律己，又谋事要实、创业要实、做人要实”的重要论述，即“三严三实”讲话。2015 年 4 月 10 日，中共中央办公厅印发《关于在县处级以上领导干部中开展“三严三实”专题教育方案》，对 2015 年在县处级以上领导干部中开展“三严三实”专题教育作出安排。

2016 年 2 月，中共中央办公厅印发了《关于在全体党员中开展“学党章党规、学系列讲话，做合格党员”学习教育方案》，并发出通知，要求各地区各部门认真贯彻执行，开展“两学一做”学习教育。“不忘初心、牢记使命”主题教育从 2019 年 6 月开始，以县处级以上领导干部为重点，在全党自上而下分两批进行。“不忘初心、牢记使命”主题教育贯彻“守初心、担使命，找差距、抓落实”的总要求，以实现“理论学习有收获、思想政治受洗礼、干事创业敢担当、为民服务解难题、清正廉洁作表率”为具体目标。

2023 年 4 月 3 日，学习贯彻习近平新时代中国特色社会主义思想主题教育正式启动，活动以县处级以上领导干部为重点，在全党深入开展学习贯彻习近平新时代中国特色社会主义思想主题教育，主要是在推动学习贯彻习近平新时代中国特色社会主义思想走深走实上下功夫，教育引导党员、干部从思想上正本清源、固本培元，不断提高政治判断力、政治领悟力、政治执行力，增强“四个意识”、坚定“四个自信”、做到“两个维护”。

党的十八大以来开展的党内教育活动，虽然以县处级以上领导干部为主要对象，但是同时也都要求覆盖到所有基层党支部。2019 年开展的“不忘初心、牢记使命”主题教育更是明确地将扎实开展基层党支部主题教育作为高校主题教育的“规定动作”，要求学生党支部通过形式多样的各类活动，积极在学生党员中开展主题教育。

以2019年“不忘初心、牢记使命”主题教育为例，主题教育从学习内容上看，主要以习近平新时代中国特色社会主义思想为主，根据不同的群体，增加不同的内容；从学习方法上看，以自学和集中学习相结合为主，适当安排集中研讨等；从学习形式上看，通过红色教育基地的实地参观学习、廉政基地的实践学习、演讲比赛、诗歌诵读等多种形式开展；从学习载体上看，普遍运用了微博、微信等新媒体手段；从学习效果上看，学生党员普遍反映受到了极大的感染和启发。

开展新时代大学生廉洁教育不仅要以经典著作中的理论、中华传统文化中的精华为内容来源，同时要注意及时将新时代的新理论、最新的理论成果充实到大学生廉洁教育的内容体系中，使廉洁教育的内容更加丰满和贴近时代，从而更易于被大学生接受。

二、完善新时代大学生廉洁教育的载体途径

方法是人们为了认识世界和改造世界，达到一定目的所采取的活动方式、程序和手段的总和①。廉洁教育的方法是教育者为了达到廉洁教育的目的，在开展廉洁教育活动中所采取的各种方式和手段。本书所指的方法主要指的是工作方法，即具体开展廉洁教育活动，促进教育对象廉洁意识提升的方法途径。合理科学地运用廉洁教育方法，是为了将教育内容更加有效地作用于教育对象，从而更好地达到廉洁教育的目的。

① 陈万柏、张耀灿．思想政治教育学原理（第三版）［M］．北京：高等教育出版社，2015：219．

（一）优化新时代大学生课堂廉洁教育

理论灌输法，是开展各类思想政治教育的最基本和常用的方法之一，其基本依据是马克思主义灌输理论。列宁曾提出，工人本来也不可能有社会民主主义的意识，这种意识只能从外面灌输进去①。很多人认为，在新时代网络化、全媒体化的背景下，课堂教育作为理论教育的一种具体实施手段，逐渐失去了价值，不能达到良好的教育效果，其实并不然。新时代大学生的学习主要场所仍然在高校，接受知识的主要渠道仍然是课堂教学，这一点与以往任何时候都一样。因此，即使在当下，课堂教育仍是大学生接受教育的主要方式，是进行廉洁教育的主渠道、主阵地。但与此同时，我们应当认识到，为了适应新时代的发展，满足当代大学生的需求，对大学生进行廉洁教育的课堂教育方法，在原来的以课堂理论灌输为主的方法上应当有所改进，如可以通过开展翻转课堂等创新型教学模式，利用多媒体教具，采用采访、小组讨论等方式，加强大学生对廉洁教育内容的关注度，进而达到良好的教学效果。

1. 突出整体性，构建大学生廉洁教育课程体系

大学生廉洁教育课程想要达到良好的效果，必须具有系统性。如果仅仅是开设一两节课或者试图通过几次形势政策课就达到教育目的，显然是不现实的。因此，我们应当至少做好以下几个方面的工作。

一是明确新时代大学生廉洁教育的教学目标。新时代大学生廉洁教育的教学目标，首先要体现在知识层面。大学生要通过一段时间的集中理论学习以及后续的持续学习，掌握反腐倡廉的相关理论

---

① 中共中央马克思恩格斯列宁斯大林著作编译局. 列宁选集（第一卷）[M]. 北京：人民出版社，1995：317.

知识；了解腐败的来源和危害，目前国内和国外的反腐情况，当前腐败产生的原因，目前针对腐败问题国内和国外都采取了哪些措施；掌握经典著作中的廉洁理论、中华传统文化中的廉政文化、中国共产党开展的廉洁教育理论以及社会主义核心价值观等内容。其次要体现在实践层面。大学生要通过学习，自觉用廉洁文化的理论规范自己的行为，能够自觉践行廉洁行为，从身边小事做起，约束自己；同时能够自觉影响自己周围的人（朋友、家人等），能够在从业以后坚持正确的权力观，做到在不同岗位上都能够清正廉洁。最后要体现在品德层面。通过教育和引导，大学生逐步形成廉洁的价值观，将廉洁视为自身应有的品德而加以坚持，从而形成健全的人格。当他们走进社会，在不同行业工作时，都能够守牢底线，自觉进行自我约束，从而更加坚定地践行廉洁行为，真正成为社会主义事业的建设者和接班人。

二是上好新时代的廉洁教育课。重点是将廉洁教育与思政课有机结合起来，有条件的高校可以试行独立开设廉洁教育课程。中央纪委、中央宣传部等六部门联合下发的《关于加强廉政文化建设的意见》指出，要充分发挥课堂教学的主渠道作用，在中小学思想品德类课程和高校思想政治课程标准中明确廉洁教育内容，扎实推进廉洁教育进教材、进课堂、进学生头脑①。这是在政策层面对高校开设廉洁教育课程的指导意见。从目前的情况来看，我国在大学开设的思想政治理论课主要有“马克思主义基本原理”“中国近现代史纲要”“思想道德修养与法律基础”“毛泽东思想、邓小平理论和‘三个代表’重要思想概论”“形势与政策”。

这些课程包含大学生廉洁教育内容，如民主、法制、马克思主

① 中央纪委、中央宣传部、监察部、文化部、广电总局、新闻出版总署. 关于加强廉政文化建设的意见［N］. 人民日报，2012-10-19.

义政党理论等，这些对大学生形成廉洁的价值观具有重要的作用。因此，我们应当发挥思政课的思想教育主阵地作用，上好新时代的思政课。进入新时代，高校在因事而化、因时而进、因势而新，不断创新思政课的教学内容的大背景下，需要积极探索党的最新理论成果与思政课的有效结合，实现两者的融合。我们应当抓住良好的时机，在思政课中寻找廉洁因子，同时将教材外的有关廉洁的内容及时充实到思政课中，不断提升大学生廉洁意识，从而达到廉洁教育的目的。

现有的调研结果表明，绝大多数的大学生认为在思政课程中接受到的廉洁教育内容有限。这说明仅仅依靠在思政课程中加入廉洁教育的内容，不能很好地满足学生的需求。从目前调研了解的情况来看，部分学校已经开始自编廉洁教育教材，设置专门的廉洁教育课程，开展大学生廉洁教育。上海师范大学将“廉洁教育”定为一门必修课，所有大一新生必须进行学习，并获得相应学分。杭州师范大学将廉洁教育列入了“形势与政策”课教学内容，编写了《大学生与社会廉洁》教材。北京理工大学组织编写了《大学生廉洁教育读本》，并组织学生认真阅读。

笔者在调研的基础上发现，已经开设廉洁教育课程的学校的学生普遍反映，对廉洁的相关理论知识有了比较多的了解和认识，能够清晰地认识到腐败的类型、危害和产生原因，并普遍反映出对廉洁社会环境的向往、对自己能够廉洁从业的信心。由此可见，开设廉洁教育课程有利于更好地开展新时代大学生廉洁教育并取得更好的效果。但是从学校开设思政类公共课程的情况来看，并不是所有学校都有条件开设廉洁教育的课程。因此，我们应当大力推进廉洁教育课程与思政课程的有机融合。有条件的学校可以试点开设廉洁教育专业课程，以期取得更多的实践经验；尚不具备开设条件的学校，要积极通过思政课程等灵活地开展大学生廉洁教育。

三是积极发挥课程思政作用，形成教育合力，促进大学生廉洁意识的提升。2019 年 8 月，中共中央办公厅、国务院办公厅印发《关于深化新时代学校思想政治理论课改革创新的若干意见》，提出要建成一批课程思政示范高校，推出一批课程思政示范课程，选树一批课程思政教学名师和团队，建设一批高校课程思政教学研究示范中心。所谓课程思政，指的是在大学专业课（非思政课）教学中融入思想观念、政治观点、道德规范等思想政治教育。从具体操作上看，课程思政不可生搬硬套，不能简单、直接地把思政课的内容带入专业课教学，而应当采用因势利导、顺势而为的方式，如在中医院校的专业课程中融入传统医德教育，金融专业课程中融入诚实守信的从业观念，在机械专业课程中融入严谨求实的科学精神，这样开展课程思政，既有思政味，又无说教感，能够达到润物无声、潜移默化的教育效果。

此外，我们还应当注意发挥就业指导课程廉洁教育的作用，积极对新时代的大学生进行职业道德教育。“大学生职业发展与就业指导”目前已经成为较为普及的一门课程，大多开设在大学生面临毕业的阶段，主要内容包括如何面对身份转换、如何更好地就业择业等，另一个重要的内容是职业道德教育。职业道德的主要内容包括爱岗敬业、诚实守信、办事公道、服务群众、奉献社会等。我们应对大学生加强职业道德教育，尤其是增加关于廉洁教育的内容，帮助大学生树立正确的职业价值观，并将这种价值观内化为人格修养和自身素质，使大学生在就业以后能够正确对待地位和待遇、苦与乐、付出与收获，能够自觉做到实事求是、公平公正，做到廉洁奉公、规矩办事。

2. 突出实效性，着力提升教师授课水平

任何一种教育最终都要落实到实效性上来，廉洁教育也同样如此。在开展课堂廉洁教育时，较好的教育效果与提升教师的授课水平以及发挥学生的主观能动性、学生开展自我教育密不可分。

首先，不断提升教师综合素养，积极开展各类教师培训。新时代教师的培训应包含师德师风的再教育。师德是教师在从事教学科研活动、履行教书育人职责过程中所遵循的行为准则以及与之相适应的道德意识、道德观念和道德品质的总和，师风则是师德的外在体现①。廉洁从教是师德师风的重要内容，也是高校教师做好大学生廉洁教育的基础。江泽民同志曾经指出，教育者必先受教育②。高校应加强对广大教师的师德培训，提升教师的思想政治素质、职业道德水平和廉洁自律意识。高校应通过岗前培训、假期培训、专题教育、理论学习、支部会议等渠道，开展经验交流、专题报告、观看案例教育片等活动，组织教师认真学习相关法律法规和学校各项规章制度，使教师明确自身的权利和义务，强化师德意识。高校应通过开展职业技能竞赛、师德师风先进个人评比、“三育人”先进个人评比等活动，树立师德先进人物典型，营造广大教师崇尚先进的氛围。高校应加强教师职业道德教育，引导广大教师自觉增强教书育人的荣誉感和责任感，认识到自身对学生的影响和人民群众对自己的殷切期盼，增强职业自豪感，从而能够自觉做到爱岗敬业、无私奉献、廉洁从教。

其次，应当有计划地组织教师继续学习如何利用新技术手段开展教学。现在的社会是全媒体社会，新的技术手段日新月异，同时新时代的大学生对新生事物敏感度高。因此，对新技术手段的掌握

---

① 张国臣等. 高校廉洁文化建设理论与实践［M］. 北京：人民出版社，2010：168.

② 江泽民. 江泽民文选（第二卷）［M］. 北京：人民出版社，2006：338.

和应用能力如何直接关系到高校教师的教学效果。慕课（MOOC），指的是大规模开放在线课程，是“互联网＋教育”的产物，也是被普遍认可的一种在线课程开发模式。目前，慕课在我国的发展非常迅速，由于其开放性、便利性等特点受到当下大学生的欢迎，部分学校的教师也加入了慕课平台。他们很容易成为学生心中的“网红教师”，其讲授的内容也更容易得到学生的喜爱和认可。“雨课堂”等智慧教学工具的出现，也为课堂教学注入了新鲜的活力。使用这些软件，可以全面提升课堂教学体验，让师生更容易产生互动，更便于开展教学活动，从而达到更好的教学效果。

再次，视频公开课、双语教学示范课程、精品在线开放课程等多种形式的线上课程，都是新时代开展课堂教育的新方法。这些新方法的运用都离不开新技术手段的支持，当前这些新兴的教学手段，都是建立在全媒体基础上的。因此，加强对教师的技术培训显得尤为重要。教师群体中，一些年龄较长的教师可能在新技术手段的应用上存在一定的困难，高校应当采用多种形式，如培训会、同行交流会等，加强同一教研组新老教师互帮互学，提升教师群体的新技术手段应用水平。

最后，加强教师理论素养的再提升。进入新时代，党的理论有了新的发展，思政课建设不断加强，大学生表现出一些新的特点，这些都需要教师与时俱进地增强自身的理论素养，以便能够更好地开展大学生廉洁教育。廉洁教育课程应生动有趣，入脑入心，内容必须因时而进、因势而新。因此，教师本身要积极用马克思主义中国化最新理论武装头脑，增强对中国特色社会主义共同理想的认同感，以体现时代精神的新案例、新成果更新自身的知识储备，从而更加贴近学生需求地讲好新时代的廉洁教育课。教师可以将“一带一路”等时下热点话题带入课堂，将诸多“中国智慧”与“中国方案”对世界经济、社会、民生等的贡献带入课堂，激发学生的爱国之情；可以将新时代爱岗敬业的典型例子带入课堂，这样会让学生更容易受到鼓舞。只有将来自日常生活和社会实践的最新理论带进课堂，用接地气、贴近生活的方式开展教育，才能让学生喜闻乐见，达到更好的教育效果。

大学时期是大学生思想道德观念形成的关键时期，因此，我们要抓住这个关键时期，积极开展大学生廉洁教育。通过“集中＋持续”的廉洁教育，帮助大学生形成良好的道德观念，树立廉洁自律的价值观，防止“三观”出现重大变化甚至颠覆性改变，同时，要关注不同价值观的冲击等对开展廉洁教育的挑战。

3. 突出时代性，以各种形式开展廉洁教育

我们一定要关注新时代大学生廉洁教育的两个方面：一是根据大学生的特点来开展教学；二是及时跟进热点问题，利用多种教学方式开展廉洁教育。

新时代的大学生具有一些自身特点和时代特点。从大学生接受特点来看，他们更加喜欢多元化的教学方式，反感单一的灌输式的理论教育，因此，教师要适应学生的特点，在教学形式上有所创新，如可以充分运用视频、实物场景、沙盘模型等手段和元素，采取课堂辩论、知识竞赛等方式，线上线下相结合，课堂教学与校外实践相结合，使廉洁教育课堂别开生面、生动有趣，走进大学生心里。

从大学生获取信息和知识的手段来看，他们习惯于网络化的方式，获取的信息量大而繁杂，因此要注意帮助大学生辨别信息，及时发现大学生有可能存在的认识偏差等；从时代的特征来看，社会更加包容和多元化，更多价值观涌入，会对大学生造成一定的冲击，因此，教师更需要加强对大学生理想信念、崇尚廉洁等价值观的教育，如可以将西方国家发生的一些反面案例带入课堂，也可以将我国近年来反腐倡廉的成果带入课堂，帮助大学生更加全面地认识事

物，以免在多种价值观的冲击下丧失辨别能力。

此外，开展新时代大学生廉洁教育一定要与时俱进。一方面，我们可以通过挖掘社会教育资源开展形式多样的廉洁教育，如邀请勤政廉政的模范人物、优秀企业家、优秀领导干部来学校举办讲座，通过他们的亲身讲述，让大学生接受面对面的教育；另一方面，可以根据特殊的节点及时开展廉洁教育，如面对新冠疫情，全国上下全民关注，具有较高知识文化水平和较多资讯获取渠道的大学生，更是高度关注此事。在当时全国上下齐心抗击新冠疫情的关键时刻，既有无数的医务人员、志愿者和行政管理人员冲在前线，无私奉献，为人民生命安全筑起安全屏障，也有不和谐的事件发展，如少数行政官员在疫情面前懒政怠政、无所作为，还有少数人滥用职权贩卖口罩等。在当时疫情肆虐的情况下，这些都会引起大学生极大的关注。在这种特殊时期，我们应当做好大学生廉洁教育。优秀的人和事会给予大学生极大的鼓舞和正面激励，使大学生进一步坚定固有价值观。恶劣的事件和恶劣的人会引起大学生极大的反感，我们应当抓住这个时机，对大学生进行教育，使他们从反面事例中汲取更多的正面力量。

（二）丰富新时代大学生廉洁教育实践内容

中央纪委、中央宣传部等六部门联合下发的《关于加强廉政文化建设的意见》指出，针对青少年特点，定期开展各类青少年廉洁教育实践活动，深入推进校园廉政文化建设①。很多时候，理论教育往往是深奥、枯燥的，相比而言，实践教育更直接，更容易达到入脑、入心的教育效果。在具体实践中，大学生可以参观廉洁教育基地、与廉洁先进人物近距离交流，也可以到监狱中倾听腐败分子

---

① 中央纪委、中央宣传部、监察部、文化部、广电总局、新闻出版总署. 关于加强廉政文化建设的意见［N］. 人民日报，2012-10-19.

的反思、忏悔，这些都能够很好地达到教育目的。

1. 建设廉洁教育文化品牌

建设廉洁教育文化品牌是开展大学生廉洁教育的重要实践方式，廉洁文化是廉洁的理论和行为方式及其相互关系的总和。廉洁文化具有引领性、辐射性、承袭性等特点。

寓廉洁教育于校园文化活动之中，精心设计和组织内容丰富、形式新颖、吸引力强的廉洁教育活动，非常有益于传播廉洁文化，弘扬廉洁精神。我们一方面可以通过活动来开展廉洁教育，如围绕大学生廉洁意识和廉洁行为的养成，开展读廉洁书籍、唱廉洁歌曲、讲廉洁故事，举办征文比赛、知识竞赛、演讲比赛等，引导大学生崇尚廉洁，大力讴歌清正廉洁、鞭笞腐败丑恶；另一方面可以通过充分发挥高校党、团组织的政治优势和组织优势，开展各类廉洁实践活动，如开展特色党（团）日活动、主题班会等，就一些重大典型的正反案例进行讨论，针对发生在大学生身边的一些不正之风进行深入讨论。通过开展丰富多彩的活动，增强廉洁教育的感染力和吸引力，大学生在活动中感知和接受廉洁教育，提高对反腐倡廉重要性的认识，提高辨别是非的能力，树立廉洁思想，形成崇尚廉洁、反对贪腐的情感倾向，从而增强廉洁教育的针对性和实效性。

2. 建设以社会机构等为主导的实践活动平台

加强大学生廉洁教育，不可忽视社会资源的力量。我们要充分挖掘社会教育资源，开展大学生社会实践活动，如和公共图书馆、博物馆、廉政教育基地、廉政研究机构等社会机构合作，积极开展各类廉洁教育活动。公共图书馆可以利用自身优势，组织廉洁论坛、廉洁讲堂、廉洁读书会等活动，增强大学生廉洁认同感。我们可以组织大学生参观廉政教育基地等教育实践场所，听取一线人员的讲解，进一步增强大学生对腐败和廉洁的直观认识；组织大学生走访勤政、廉政的模范人物、优秀领导干部等，在调研和走访中受到直接的教育和感染；积极与社会上的廉政研究机构对接，邀请专家进行专题讲座和现场交流等，增进大学生对廉洁的认识。

此外，还可以向大学生传递关于政务诚信、商务诚信、社会诚信和司法公信建设方面的信息，让学生了解社会对失信行为的约束和惩戒力度，深刻认识守信光荣、失信可耻，同时也认识到诚信与自身的生活、工作息息相关，将开展道德实践活动与培育廉洁价值理念相结合，营造崇尚廉洁、鄙视贪腐的良好社会风尚。总之，大学生廉洁教育不仅仅是在学校内部开展各类活动，还需要整合社会资源，利用好社会力量，多管齐下才能取得更好的效果。

3. 加强社会实践，知行合一

大学生群体有一个特殊的学习阶段——社会实践，社会实践主要集中在寒暑假和毕业前夕。我们应当利用好这段时间，增强学生的历史使命感和社会责任感，将廉洁教育由校园延伸至社会。在开展社会实践活动时，我们要坚持将廉洁教育实践与专业学习相结合，与服务社会相结合，与勤工助学相结合，与择业就业相结合。通过志愿服务、社会调查、专业实习、社会劳动等各类实践活动，净化心灵、陶冶情操，不断提升认识，使大学生在实践中受教育、明事理、辨是非，坚定廉洁价值观。

不同专业的大学生开展不同的社会实践时一定要突出自身的专业特色。大学生最终是要离开校园走进社会的，他们大概率会在与所学专业相关的行业工作，像医学类的学生可以进行医疗进社区、送医下乡等实践活动，还可以通过采访当代名医等形式提升他们的医德水平；对商科专业的学生可以着重加强公平、诚信等方面的道德教育，通过诚信经商更容易获得利益和尊重等实例提升他们对诚信价值观的认同。总之，我们应在社会实践中加强对大学生进行廉洁教育，并及时总结，利用实践的机会进一步夯实大学生廉洁教育基础，从而使大学生真正走进社会时，能够更加坚定廉洁价值观。

（三）创新新时代大学生网络廉洁教育

网络是开展新时代大学生廉洁教育绝不可忽略的途径，大学生熟悉网络、善于运用网络，他们作为网络的生力军，对网络具有极高的依赖性。作为教育者，教师一定不能忽视网络教育的重要作用，应积极抢占网络教育阵地，加强网络阵地建设，积极运用全媒体手段开展大学生廉洁教育。

1. 发挥网络教育功能，加强网络阵地建设，构建廉洁教育网络平台

我们要通过不断加强网络阵地建设，倡导积极向上的网络文化，推进网络育人工作，构建网络廉洁教育平台，确保网络建设健康有序发展：一是积极发挥网络廉洁教育的功能。我们要认识到网络廉洁教育在目前教育中的重要作用，将网络作为推动廉洁教育的重要载体，通过在门户网站上开辟廉洁教育专栏等形式，引导大学生坚定理想和信念，用科学的廉洁观分辨是非；二是加强教育培训。网络阵地建设离不开开展网络教育的人员，我们要对宣传骨干、思政课教师、学生干部、网管等人员进行培训，进一步提升他们的网络媒介素养，增强他们的网络信息认知水平和对不良信息的“免疫力”，激发他们作为网络阵地的开发者、使用者、守护者的积极性、主动性、创造性；三是积极整合网络资源，构建网络教育平台。我们可以对学校网络资源进行优化、整合、升级，创建融媒体中心，打造包括校园网、多媒体教室、电子屏等的廉洁教育网络平台。

2. 及时更新和丰富网络廉洁教育的内容

第一，及时更新廉洁教育内容，紧跟时代。新时代的大学生对新生事物敏感度高，对很多新生事物具有极大的好奇心和兴趣，对

廉洁教育内容的不断更新具有更高的要求。因此，高校应及时将党和国家领导人的最新指示、中央纪委的最新精神、反腐倡廉的重大成果以及各类关于廉政建设、廉洁教育的相关理论在廉洁教育网络平台上及时更新，增强大学生对廉洁教育网络平台的兴趣和信任。

第二，用内容丰富、形式多样的廉洁教育吸引学生。廉洁教育的内容不仅应包括中华传统文化中的廉洁元素、国内外的廉政成果，还应包括当代廉政文化产品，如优秀的影视作品等。高校还可以致力于激发大学生创作优秀的网络廉洁文化产品的热情。这些文化产品既可丰富廉洁教育网络平台内容，又可在学生中形成良好的廉洁文化氛围。

第三，打造精品节目。高校可围绕当下的时政热点问题，通过校报、微博、微信等方式进行集中报道，同时，可以在抖音、哔哩哔哩、喜马拉雅等媒体平台推出与廉洁教育相关的宣讲活动、读书活动等，宣传主流舆论，使主旋律更响亮、正能量更强劲。

3. 利用全媒体手段积极开展新时代大学生廉洁教育

习近平总书记强调，要运用新媒体新技术使工作活起来，推动思想政治工作传统优势同信息技术高度融合，增强时代感和吸引力①。我们要积极利用全媒体手段开展新时代大学生廉洁教育。在当今时代，互联网突破了课堂和知识的传统边界，能积极推动廉洁教育课程创新改革。高校教师要树立“互联网＋”的教学理念，充分运用新媒体技术，将传统课堂教学的优势同信息技术高度融合，联通线上线下、课内课外，增强时代感和吸引力，让大学生有更多获得感，积极用好慕课、微课等创新模式，不断提升大学生的点头率、回头率。在课堂外，高校要积极利用校报、校园广播、展板等

① 习近平. 习近平谈治国理政（第二卷）［M］. 北京：外文出版社，2017：378.

在全校范围内大力宣传崇尚廉洁精神，借助分布在大学生学习及生活区域的网络平台，传播廉洁文化，使廉洁教育渗入大学生学习生活的各个区域，营造浓郁的廉洁文化氛围。

网络是大学生获取信息的主渠道，新媒体的开放性、多样化和互动性，使其成为大学生廉洁教育的重要载体。高校应积极开展网络廉洁教育，通过网络传播廉洁知识、宣传廉洁政策、引领廉洁舆论、增进交流互动、弘扬廉洁文化，提升大学生廉洁教育工作的渗透力，增强教育的实效性。

（四）拓展新时代大学生廉洁教育的渠道

开展新时代大学生廉洁教育，提升大学生的廉洁意识，还可以从多种渠道入手，积极主动作为，发挥教育合力，如通过设立心理咨询室，发挥心理咨询的作用，广泛开展全社会全网络的廉洁教育宣传，根据大学生的不同特点进行分层分类教育指导，千方百计开展新时代大学生廉洁教育。

1. 积极发挥心理咨询的作用

当代社会节奏快，网络普及程度高，大学生通过网络直面各种没有经过筛选的信息，这些信息量大而杂，其中藏匿着一些不良内容，大学生容易受到负面影响。同时，新时代的大学生接受新事物快，具有发现问题、解决问题的能力和勇气，能够主动寻求帮助。心理咨询顺应时代需求而出现。在实践中，积极发挥心理咨询的疏导作用，有益于解决大学生在廉洁问题上存在的困惑，更加有针对性地开展廉洁教育。

一是要设立专门的心理咨询室并完善硬件设施。设立标准化的个体咨询室、团体辅导室、心理健康辅导站、心理文化展厅、室外素质拓展园等；加强经费支持，购买心理学书籍和期刊，充实心理咨询室的资料；发放心理健康手册，发挥传统媒体优势，宣传心理健康知识；开设心理咨询公众号，向大学生传播有益身心的信息，对社会上的一些腐败现象进行深入剖析，帮助大学生了解腐败人物堕落的心路历程，避免他们误入歧途。

二是要积极发挥与大学生学习生活密切相关的辅导员群体的作用。辅导员与大学生接触多，是廉洁教育的重要实施者。当大学生受到不良价值观影响，对自身原有价值观产生迷惘时，大学生会向他们寻求帮助，同时辅导员要及时发现大学生的心理困惑，及时为大学生排忧解难。因此，提升辅导员的心理疏导能力也是未来工作的重点。

三是可以通过学生社团，如心理健康协会等开展心理咨询活动。学生社团由于是学生自发性组织，因此更容易得到学生的信赖，学生社团可以在教师的指导下开展一些相关的活动，在活动中加强廉洁教育。

四是可以邀请专业的心理医生开展心理讲座。随着心理学的发展和心理医生的普及，现代人在出现心理困惑时逐渐习惯于寻求心理医生的帮助。新时代的大学生接受能力强，愿意主动沟通和解决问题，对心理医生的接受度更高。邀请心理医生开展专题讲座，有助于帮助大学生塑造健康的心理，及时解决他们的心理困惑。

2. 做好廉洁文化的全方位宣传

加强宣传教育，增强大学生廉洁意识，是开展新时代大学生廉洁教育的重要方式。加强宣传教育要在入脑入心上下功夫，使教育触及大学生灵魂深处。我们应开展深入、广泛、细致的宣传教育，增强大学生对廉洁的认同感，从而树立廉洁的价值观，自觉践行廉洁行为。

一是充分发挥传统媒体的作用。在校园宣传上，要通过校报校刊、廉洁小册子等，传递廉洁观念，加强廉洁教育。在社会媒体上，要积极发挥新闻媒体传播社会主流价值观的主渠道作用，把清正廉洁的价值观贯穿到日常形势宣传、主题宣传、热点报道和舆论监督中，弘扬主旋律，传播正能量。此外，要积极利用好党报党刊，通过专栏专题等形式，传播廉洁观念。都市类、行业类媒体也可以积极发挥自身优势，适应大众化特点，多联系群众身边事例，多运用大众化语言，通过生动活泼的宣传报道引导人们形成崇尚廉洁的观念。

二是发挥好新媒体的作用。随着以微博、微信和新闻客户端为代表的各类网络新兴媒体的迅猛发展，当前的宣传方式手段也发生了根本性变化，进入全民全媒体时代。具有较高知识水平、乐于接受新事物的新时代大学生，更是网络的主体。用好新媒体，建设廉洁教育的线上传播阵地，对积极开展大学生廉洁教育具有十分重要的意义。我们要适应互联网的快速发展，根据互联网的传播规律，将廉洁教育的相关内容体现在网络宣传中，积极宣扬正能量，加强廉洁文化的传播。校园媒体和社会媒体均可以通过建设网站，广泛传播廉洁文化，共同形成良好的网络环境。

三是加大对优秀文化作品的推广。文化的力量是能直抵心间的，我们可以通过廉洁优秀文化作品的创作和宣传推广，将一些有益的廉洁文化作品通过巡演、广播等多种形式，不断为大学生提供精神营养，滋养他们的廉洁情怀。

3. 进行分层分类教育指导

大学生群体人数众多，可以从不同角度划分为不同类型，如普通学生和学生干部或党员学生，新生和面临毕业的学生，不同专业的学生等。我们可对他们进行有针对性的分析，找出他们不同的兴趣点和关注点，实现大学生新生、毕业生、学生干部等廉洁教育全覆盖，做到内容有层次、方法有区别，个性化开展廉洁教育，这样更容易取得良好的教育效果。

一是可以根据学生不同身份进行教育指导。在当下社会，校园也并非净土，学生干部是我们需要特别关注的群体。学生干部应当由品行良好、乐于助人的学生担任，主要负责组织开展一些自主性学生活动。但在实际情况中，由于缺乏有力监管，有的学生干部演变为权力追逐者，学生干部成了“掌权者”，这是十分危险的。

学生干部作为学生中的优秀代表，他们的言行举止对周围的大学生具有直观且深刻的影响，因此，他们是否具有积极向上的正确价值观，不仅对其自身意义重大，对整个大学生群体也有影响。因此，我们必须加强对学生干部工作的干预，按照德才兼备原则和集体决定原则吸纳新人，及时开展民主测评并对学生干部进行制约。此外，我们要加强对学生干部的教育引导，辅导员负责对学生干部进行日常教育和管理，同时，我们可以邀请专家开展学生干部培训，组织学生干部参观廉政教育基地，加大对学生干部的教育和引导力度，帮助他们树立正确的价值观，这对学生干部自身和其他大学生都具有重要意义。

二是对不同专业的学生进行有针对性的教育指导。在调研中，我们发现，一些专业院校将特色理论与廉洁教育相结合，取得了较好的效果，这种方式值得我们进一步研究和推广。中医院校可以将中医“治未病”理论与大学生廉洁教育相融合，“治未病”理论与大学生廉洁教育之间关联性强，可以彼此渗透。正如习近平总书记所说，中华优秀传统文化是中华民族的文化根脉，其蕴含的思想观念、人文精神、道德规范，不仅是我们中国人思想和精神的内核，对解决人类问题也有重要价值①。“治未病”理论重在防病养生，掌握诊

---

① 习近平. 举旗帜聚民心育新人兴文化展形象　更好完成新形势下宣传思想工作使命任务［N］. 人民日报，2018-08-23.

治疾病的主动权，最终达到健康体魄的目的。对大学生开展廉洁教育，目的是提升其拒腐防变的免疫力，健全人格，为培养社会主义事业的建设者和接班人打下良好基础。两者在思想根源上具有高度的一致性。通过持续开展针对性强、系统科学的廉洁教育，大学生可以树立正确的人生观和崇尚廉洁的价值观，使正气存内，邪不可干，达到固本强身、扶正祛邪的目的，也是出于关口前移、标本兼治，将贪污腐败观念消灭在萌芽状态的考虑，同样是防患于未然思想的体现。两者都强调防微杜渐，提倡“治未病”，同样都是将影响健康的征兆扼杀在萌芽之中，具有超前的预防思想和深远的现实意义。我们在工作中，应当继续深挖不同专业中的廉洁元素，使大学生更好地将廉洁意识与自身专业学习相衔接，取得良好的廉洁教育效果。

三是开展全时段廉洁教育。对大学生开展廉洁教育的主体是高校，但大学生寒暑假期间所在的社区、毕业前的实习单位对他们同样有开展廉洁教育的责任。社区廉洁教育和实习单位廉洁教育应当成为大学生廉洁教育的重要补充。社区廉洁教育可以通过设立廉洁主题景观、开展廉洁讲坛、发放宣传单、设立公众号等多种形式开展，这些对大学生都会产生重要的影响。实习单位廉洁教育则应注重与学校廉洁教育的衔接，重点关注即将进入社会的大学生就业前的心理，确保大学生在受到社会上多种价值观影响后，仍能坚守廉洁价值观。总之，新时代大学生廉洁教育要实现全时段无间断，这样才能达到教育目的。

三、优化新时代大学生廉洁教育的环境

环境对人有影响，人出生以后，其成长一刻也离不开环境，好的环境可以塑造优秀的灵魂，良好的育人环境，对大学生廉洁意识

的养成和提升具有十分重要的作用。习近平总书记指出，要积极营造人人皆可成才、人人尽展其才的良好环境①。与新时代大学生廉洁教育密切相关的环境，主要包括社会环境、校园环境、家庭环境、网络环境。

（一）营造清廉社会环境

社会环境，指的是我们所处的社会政治环境、经济环境、法治环境、科技环境、文化环境等。社会环境对大学生的人生发展有重大影响，社会环境在大学生所面对的四个环境中相对宏观，既包括我国国内环境，也包括国际社会环境。

1. 国际社会环境

当今国际社会文化交流便捷、频繁，大学生作为社会上最为活跃的一个群体，更容易接触国外不同价值观，而他们又处于价值观相对不稳定的阶段，容易受到不同价值观的影响。优化国际社会文化环境，要从外部环境入手，提升我国国际话语权，营造廉洁清正的国际大环境。2003 年，我国加入《联合国反腐败公约》，我国的反腐倡廉建设与国际社会接轨。2005 年第 22 届世界法律大会在北京和上海分阶段举行，中外各国就反腐问题达成多项共识。2006 年，世界上首个以各国反贪机构为成员的国际组织——国际反贪局联合会在北京正式成立，标志着打击贪污贿赂等腐败犯罪的国际交流与合作进入一个新阶段。

进入新时代，在反腐败国际合作上，我国发挥了越来越重要的作用。党的十八大以来，以习近平同志为核心的党中央积极开展廉政建设，整治腐败问题，坚持有贪必反、有贪必肃，中国的廉政建

① 中共中央文献研究室．习近平关于科技创新论述摘编［M］．北京：中央文献出版社，2016：119．

设取得了全球瞩目的成绩。同时，中国在国际社会中也越来越具有话语权，完成了从观察者到参与者再到引领者的转变。

在中国的主导下，2014 年 11 月，亚太经合组织第 26 届部长级会议通过《北京反腐败宣言》。2016 年 9 月，二十国集团领导人杭州峰会通过《二十国集团反腐败追逃追赃高级原则》《二十国集团2017—2018 年反腐败行动计划》。2017 年，中国与东盟发布《中国-东盟全面加强反腐败有效合作联合声明》。2018 年 9 月，中非合作论坛北京峰会发表《关于构建更加紧密的中非命运共同体的北京宣言》和《中非合作论坛—北京行动计划（2019—2021 年）》，宣言提到中非双方应继续对腐败采取零容忍态度，不断完善反腐败合作机制。

这一系列的中国方案说明我国在国际反腐合作上发挥着越来越重要的作用，成为反腐败国际合作的引领者，也意味着我们已经有能力创造更为良好的国际反腐环境。在未来，我们仍须继续大力推行中国方案，为营造廉洁的国际大环境贡献力量。

此外，面对依然复杂的国际环境，大学生应辩证地认识不同价值观，取其精华而弃其糟粕，在学习国际先进经验的同时，坚持以马克思主义廉洁理论、社会主义核心价值观来面对和审视外来文化，同时也要正确认识我国在国际社会反腐大环境中的重要作用，更加全面地认识和学习我国的廉洁文化和廉洁实践经验，更加坚定社会主义廉洁价值观。

2. 我国国内环境

大学生更容易受到国内政治、经济、文化等方面的影响。这就要求我们建立廉洁的社会环境、清正的政治环境、透明公平有序的经济环境以及积极向上的文化环境。进入新时代，党中央出台了一系列的制度加大反腐力度，规范行政、经济行为，同时进一步加强廉洁文化建设，为营造廉洁的社会环境提供了各类政策支持。

从制度层面来看，《十八届中央政治局关于改进工作作风、密切联系群众的八项规定》《监察机关特邀监察员工作办法》《中央和国家机关会议费管理办法》《关于加强干部选拔任用工作监督的意见》《关于严禁党政机关到风景名胜区开会的通知》等一系列文件的出台，为规范权力使用、防止腐败滋生扎紧了笼子，既规范了权力的行使也形成了良好的社会监督环境，为营造廉洁清正的社会环境奠定了制度基础。此外，党和国家领导人高度重视反腐倡廉建设，多次在重要会议上强调反腐工作的重要性，并提出了具体要求和目标，在国内乃至国际社会影响很大。

习近平总书记在金砖国家领导人第十一次会晤中指出，中国将遵循共商共建共享原则，秉持开放绿色廉洁理念，推进高质量共建“一带一路”。习近平总书记在“不忘初心、牢记使命”主题教育总结大会上强调指出，我们党一定要坚决清除一切弱化党的先进性、损害党的纯洁性的因素。习近平总书记在十九届中央纪委四次全会上强调，我们坚持以正风肃纪反腐凝聚党心军心民心，坚决惩治腐败、纠治不正之风，坚决清除影响党的先进性和纯洁性的消极因素。

习近平总书记的重要讲话，对进一步营造廉洁社会环境提出了要求，它们是我们建设廉洁社会环境最有力的保障。我们仍须继续按照人民的期待和制度的要求加强廉洁社会环境建设。从物质环境建设来看，我们仍须继续增加廉洁主题人文景观，通过文字、建筑、雕塑、园艺、故事、录音等人们看得见、摸得着、听得见的形式，向人们展示廉洁文化的魅力。

只有经过多方面的努力，形成合力，才能不断促进社会整体环境趋于廉洁，使得身处其中的大学生能够在潜移默化中接受润物无声的廉洁教育。

（二）营造良好校园环境

校园环境是大学生廉洁意识提升的重要影响因素，大学生主要学习和生活的地方就是学校，校园环境对他们的影响显而易见。校园廉洁环境的营造既包括校风、教风、学风建设，也包括物质文化建设和制度建设，在具体、生动的活动中对学生进行廉洁教育。

1. 通过校风、教风、学风建设促进校园廉洁文化建设

校风是学校各种风气的总和，是在长期办学中逐步形成的相对稳定的精神状态和作风，是一个学校精神内涵的总括。廉洁向好的校风对身在其中的大学生具有极为重要的影响。教风主要指的是教师在从事教育的过程中所表现出来的道德品质的总和。作为直接对学生开展教育的主体，教师坚持廉洁从教对学生影响深远。高校应通过建立健全教师职业道德规范，使教师爱岗敬业、刻苦钻研、严谨治学、淡泊名利、廉洁从教，从而形成良好的教风，给予学生正向影响。

在当下高校，教师在论文发表、项目申报、评奖晋级等方面的不规范行为时有发生，这些对开展廉洁教育非常不利。教风建设有助于广大教师形成高尚师德，从而更有说服力地对大学生开展廉洁教育。学风既是校风的重要组成部分，也体现了大学生思想道德建设成果。高校应通过严肃学风，抓好大学生考风考纪等，帮助大学生端正思想，提高他们对违规违纪、考试作弊等行为的认识，这有利于增进他们的诚信意识，提升其廉洁意识。

2. 通过廉洁教育园地建设实现教育目的

教育的基本功能就是其文化功能，就是通过实现文化与人的双向建构来促进文化与人的发展①。高校可以在大学生活动中心、图书馆、体育馆等大学生集中活动的地方建设专门的廉洁教育园地，将廉洁文化元素以回廊、步道、雕塑等形式予以展现，使得大学生

---

① 张应强. 文化视野中的高等教育［M］. 南京：南京师范大学出版社，1999：35.

在欣赏文化景观的同时接受廉洁教育，在潜移默化中接受熏陶，净化心灵，达到廉洁意识提升的目的。此外，高校还可以通过廉洁教育园地开展系列宣讲活动，使参观者在浏览、聆听、体验、互动中净化心灵、思索感悟，涵养廉洁品格，从而提高廉洁教育的持续性、广泛性和针对性。

3. 通过制度建设提供相应保障

高校要结合自身实际工作情况，因时因地地制定覆盖学校组织人事、教学科研、财务管理、学风教风等多个方面的制度，为严格治校、规范办学、依法治校提供制度支撑，这样才有利于促进各个方面的工作公平、公开和公正地开展，维护学校师生的利益，形成干部廉洁从政、教师廉洁从教、学生廉洁修身的良好氛围。高校通过加强制度建设，尤其是反腐倡廉方面的制度建设，培养学生的制度意识，严格监督制度的实施并进行责任考核，以有利于高校廉洁环境的形成和巩固。

（三）创造良好家庭环境

在大学生进入高校后，家庭环境似乎成了一个并不重要的影响因素，实则不然。原生家庭环境对一个人的影响之大，早有公论。中国亦有古语，如“爱而不教……爱子若此，犹饥而食之以毒，适所以害之也”，“父善教子者，教于孩提”。家庭是大学生廉洁教育的启蒙地。中华优秀传统文化重视勤俭持家的教育、重视路不拾遗的品德教育，这些都可以成为廉洁教育的起点。

崇尚廉洁的良好家庭环境有利于大学生形成廉洁价值观，家庭成员都应当树立正确的世界观、人生观、价值观，坚决抵御各种诱惑，淡泊名利，倡导以廉为荣、以贪为耻的家风，常修为政之德、常思贪欲之害、常怀律己之心，把家庭建设成抵制腐败的牢固防线。

家庭成员在处理家事和公事的问题上，应不以家损公；在各自岗位上，做到不插手各自工作，时刻严格要求自己，做到警钟长鸣，严把权力关、金钱关、亲情关，形成反腐倡廉从我做起和看好自家门、管好自己人的良好氛围；在家庭关系上，尊老爱幼，关爱兄弟姐妹，亲戚关系融洽；在孩子教育上，从小教导孩子勤俭节约、尊敬师长、遵守公德、爱护公物，不和别人比吃比穿；在社会活动中，热心公益，行善济困，主动向困难群众献爱心，伸出援助之手。我们要积极发挥家庭环境在大学生廉洁教育中的作用，营造廉洁的家庭氛围，形成以廉洁家风为荣的价值取向，自觉在家庭中树立反腐防线，帮助大学生坚定廉洁价值观。

（四）打造良好网络环境

和以往任何时代的大学生不同，当代大学生对网络的依赖性更强，网络已经成为他们生活、学习中不可或缺的一部分。网络是我们开展新时代大学生廉洁教育的前沿阵地。积极营造良好的网络环境对提升大学生廉洁意识意义重大。

1. 完善新时代高校网络意识形态工作责任制

意识形态工作是党的一项极为重要的工作，互联网已经成为意识形态斗争主战场，直接关系我国意识形态安全。因此，完善高校网络意识形态工作责任制成为首先要解决的问题。高校应坚持以习近平新时代中国特色社会主义思想统揽网络意识形态工作全局，深入学习贯彻党的二十大精神和中央关于网络意识形态的决策部署及指示精神，加强意识形态阵地建设，坚持以正面宣传为主，确保舆论导向正确，努力打造具有广泛影响力的网络思想文化传播平台。正能量充沛、主旋律高昂是完善高校网络意识形态工作责任制的目标。

我们应不断增强“四个意识”、坚定“四个自信”、做到“两个维护”，制定相关制度，做到人员、时间、内容、效果“四落实”，牢牢掌握网络意识形态工作的领导权、主动权和话语权；建立完善的舆情搜集、分析研判、应急预警、应对处置的工作机制，形成党委统一领导、党政齐抓共管、各部门分工负责的工作格局，从而确保网络意识形态总体向上向好。

2. 加强对校园网络环境的监管

互联网对人们生活的影响日渐深入，网络的普及给人们带来了极大的便利，同时也带来各种挑战。大学生作为网络的生力军，与网络的关系更加密切，网络环境对大学生的影响越来越深刻，而网络自身所具有的开放性、隐蔽性和信息发布自由度高等特点，导致一些不良信息侵入，给大学生造成负面影响，也对高校网络信息安全提出了更高的要求。为增强学生的警惕性、增强网络环境净化力度，高校可以从以下几个方面加强对校园网络环境的监管。

其一，加强网络安全维护。高校可建立防火墙等校园网防护系统，屏蔽不良网站；加强对网管人员的培训，增强他们对不良信息的辨识能力和处理能力，及时删除不良信息并消除影响。其二，加强网站的建设和维护。高校可组建由德育工作者、学生干部、网络管理员等共同组成的网络信息员队伍，及时整理、更新正面积极的新闻线索，反馈网络热议的重要信息，全面掌握网络动态，引导正面信息，处理不良信息。其三，提升学生对负面信息的警惕性。高校可加强对学生的教育引导，提升他们对负面信息、虚假信息等的辨别能力，从而能够主动发现问题并及时向网络信息员报告。总而言之，加强网络环境监管、净化网络环境才能为大学生提供更为健康良好的成长环境。

3. 加强对网络舆情的引导与管理

舆论历来是影响社会发展的重要力量，良好的舆论氛围可以成为社会发展的“推进剂”、民意的“晴雨表”、社会的“黏合剂”、道德的“风向标”。我们必须全力打造清朗的校园网络空间，提升主流思想舆论传播力。教育舆情简而言之是公众对教育事业，特别是教育政策和问题的看法。按教育舆情产生的社会效果分类，教育舆情分为正面教育舆情和负面教育舆情。高校必须不断加强对网络舆论的引导和管理，守好思想舆论阵地。

全新的舆论环境使得高校网络舆情呈现出信息公开化、传播复杂化、管理难度大等明显特征。新时代大学生对腐败问题关注度高，并具有一定的独立思考能力，但同时也容易受到别有用心之人的利用，产生迷惘。因此，高校必须加强正面舆论宣传，弘扬主旋律，传播正能量。

高校可组织辅导员、学生干部和学生网络大V等担任新闻发言人，做好舆论引导和管理，把握好网络思想教育主动权，坚持正面宣传，建立有效的网络舆情应急机制，积极打造良好校园网络生态环境，形成多层次的网络应急体系，第一时间发现、处置网络舆情事件，从而确保学生在直面廉洁类网络舆情时能保持清醒，正确认识，达到廉洁教育的目的。

结　束　语

教育兴则国家兴，教育强则国家强。中国未来的发展与教育息息相关，教育承载了传播思想、传播真理、塑造灵魂的时代重任，对实现中华民族伟大复兴具有决定性意义。在 2018 年 9 月 10 日召开的全国教育大会上，中共中央总书记、国家主席习近平以“国之大计、党之大计”来论述教育，阐明了教育在国家发展中的重要作用和地位。在 2024 年 9 月 10 日召开的全国教育大会上，习近平总书记再次强调要紧紧围绕立德树人根本任务，朝着建成教育强国战略目标扎实迈进。全国教育大会的连续召开，习近平总书记对教育工作的重要指示和部署，无不体现着党和国家对教育的高度重视。

党和国家注重对大学生开展全方位、多层次的教育，促进他们健康成长。随着社会的进步和发展，把大学生培养成为社会主义事业的合格建设者和可靠接班人是高校肩负的重任。这一重大任务取得了巨大成效，也面临一些新的问题，如何加强大学生廉洁教育就是其中之一。近来网络上曝光了一些高校“微腐败”事件——原本应该是服务学生的学生会组织充满了“官味”，初入社会的大学生即有“成人式”的送礼谋岗行为，不少年轻干部刚被提拔就被举报存在违法违纪行为等。这些其实是源于大学生的价值观产生了偏差。如果我们不加以重视，任由这些事件发展，会让大学生误入歧途。

新时代的大学生是未来国家各项建设的主力军。引导大学生树立崇尚廉洁的价值观，对我们国家未来持续健康、快速发展具有十分重要的意义。因此，我们应全面开展新时代大学生廉洁教育，帮助他们消除面对腐败问题时的模糊认识，正确处理好国家、集体和个人之间的关系。2005年教育部明确提出要对在校青少年学生进行廉洁教育，将“防腐疫苗”从学生打起。党的十八大以来，党在新形势下不断将反腐倡廉建设向纵深发展，高度重视大学生廉洁教育，并提出将廉洁教育纳入国民教育体系。2013年中共中央印发的《建立健全惩治和预防腐败体系2013—2017年工作规划》提出，积极借鉴我国历史上的优秀廉政文化，把培育廉洁价值理念融入国民教育、精神文明建设和法治教育之中。党和国家越来越重视廉洁教育，并逐步明确大学生廉洁教育的内容和要求。

在之前的一段时间，我们很少将腐败、廉洁教育与大学生联系起来，大多认为校园还是一方净土，远离社会的喧嚣和浮躁。但随着社会的发展，新时代大学生越来越具有独立性和自主性，他们也不免会受到多元价值观和各种社会矛盾等因素的影响。大学生作为社会主义事业未来的建设者和接班人，对廉洁价值观的认识和践行是影响他们自身廉洁从业、引导社会廉洁风气的重要因素。在新的历史背景下，加强大学生廉洁教育显得尤为重要。

作为大学生思想政治教育的重要内容，廉洁教育虽然已经引起了高度的重视，但是还存在教育内容不够丰富、更新不够及时、教育方法还须进一步优化等各种问题。社会的发展又不断对大学生廉洁教育提出新的挑战。在这种情况下，我们应积极贯彻党中央的决策部署，明确大学生廉洁教育的目标，确立大学生廉洁教育的原则，为大学生廉洁教育提供人力、物力、组织、制度等多方面的支持，不断提升大学生廉洁教育的实效性，这也是高校立德树人根本任务的必然要求。

我们应坚持党对教育事业的全面领导，加大对新时代大学生廉洁教育的重视程度，培养德智体美劳全面发展的社会主义建设者和接班人，为实现中华民族伟大复兴提供坚强的政治保障和有力的人才支撑。

附　　录

附录 1：新时代大学生廉洁教育调查问卷

同学，您好！

感谢您参与此次调查，此次问卷旨在了解大学生廉洁教育开展情况及效果，为进一步提升大学生廉洁教育科学性、实效性提供参考。调查问卷答案无对错之分，仅供调查研究之用。为保证问卷的有效性，请仔细阅读题目并填选答案，不要漏选或误选。十分感激您的支持与配合。

一、基本情况

1. 您的性别：（　　）

A. 男　　B. 女

2. 您所学专业：________

3. 您所在年级：（　　）

A. 大一　　B. 大二　　C. 大三　　D. 大四

E. 大五　　F. 研究生

4. 您的政治面貌：（　　）

A. 中共党员　　B. 共青团员　　C. 群众

5. 您目前是：（　　）

A. 班级干部　　　　B. 学院干部

C. 校级干部　　　　D. 普通学生

二、问卷内容

（一）大学生廉洁观念的状况

6. 您认为廉洁的内涵包括什么？（　　）（可多选）

A. 不贪污　　　　B. 志气高洁，品行正直

C. 实事求是，勤政务实　　　　D. 节俭简约，朴实无华

7. 您认为廉洁教育的对象应该是什么？（　　）（可多选）

A. 政府官员

B. 学校重点部门，如财务处、基建处等部门的工作人员

C. 大学生

D. 各行各业的从业人员　　E. 以上都是

8. 您初中期间是否接受过廉洁教育？（　　）

A. 经常性　　B. 不定期　　C. 很少

9. 您高中期间是否接受过廉洁教育？（　　）

A. 经常性　　B. 不定期　　C. 很少

10. 您认为初中、高中时期廉洁教育效果如何？（　　）

A. 效果好　　B. 效果一般　C. 没有效果

11. 您现在主动关注反腐倡廉的新闻或消息吗？（　　）

A. 经常关注　　B. 偶尔关注　　C. 极少关注

12. 对于当前社会中的腐败现象，您秉持什么样的态度？

A. 不可接受，难以容忍

B. 感觉反感，但是可以忍受

C. 很正常的社会现象，但自己不会这么做

D. 表示赞同，有时会这么做

13. 您对我国开展的反腐倡廉工作有什么看法？（　　）

A. 成效明显，未来会更好

B. 有一定的效果，未来不确定

C. 完全没有看到效果，也不相信未来会好

14. 对国家有关反腐倡廉的相关政策，您了解吗？（　　）

A. 非常了解　　B. 基本了解

C. 不是很了解　　D. 完全了解

15. 您认为廉洁教育能起到预防腐败的作用吗？（　　）

A. 有很大作用　　B. 有一定作用　　C. 没有作用

16. 您认为产生腐败的原因是什么？（　　）

A. 个人意志不坚定　　B. 缺乏廉洁教育

C. 相关制度缺失　　D. 理想信念缺失

E. 多元价值观的影响　　F. 其他原因

17. 您对大学生廉洁教育了解多少？（　　）

A. 非常了解　　B. 一般了解　　C. 很少了解

18. 您认为当下社会不良风气对大学生的廉洁品质培养影响大吗？（　　）

A. 影响很大　　B. 影响一般　　C. 没有影响

19. 您认为家庭环境会影响大学生的廉洁品质吗？（　　）

A. 肯定会有影响，而且影响很大

B. 有一定的影响，但是不太大

C. 完全没有任何影响

20. 高校对大学生进行集中的廉洁教育，您认为在哪个阶段的效果最好？（　　）

A. 新生阶段　　B. 毕业生阶段

C. 贯穿学生日常生活和学习过程中

（二）大学生廉洁行为现状

21. 您身边是否有同学为了入党或当学生干部而采取不正当手

段？（　　）

A. 普遍存在　　B. 有，情况很少　　C. 不了解

22. 您身边是否有同学为了获取奖助学金或者困难补助金等而隐瞒事实？（　　）

A. 确实有，并且为数不少　　B. 有时候有，不是很多

C. 完全没有这样的情况　　D. 不清楚

23. 对“爱攀比”“奢侈浪费”“好逸恶劳”等非正面的价值观，您身边的同学基本态度如何？（　　）

A. 很多人有这样的情况

B. 有部分同学是这样的，但是不多

C. 完全没有这样的情况

24. 如果您的父母或者亲近的人为了他们个人或者为了您的利益而选择走后门、拉关系、送礼等，您能接受吗？（　　）

A. 是的，完全理解并且接受

B. 坚决反对这样的行为

C. 不太认同，但也没办法

D. 视当时情况而定

25. 如果您的家人想通过拉关系给您谋得一个好的工作，您会怎么做？（　　）

A. 坚决反对　　B. 既不支持也不反对　　C. 理解支持

26. 大学生目前的一些不廉洁的行为，您认为影响因素主要有哪些？（　　）（可多选）

A. 整个社会的大环境影响

B. 家庭环境不佳，家人不能保持廉洁

C. 校园环境有待加强，缺乏廉洁教育良好环境

D. 大学生对廉洁的认识不足

27. 您身边的同学是否存在论文弄虚作假或者科研态度不端正的问题？（　　）

A. 有，并且很多　　B. 很少见，数量也不多

C. 完全不存在

（三）大学生廉洁教育开展情况

28. 您在大学期间是否接受过廉洁教育？（　　）

A. 是　　B. 没有

29. 您是通过什么形式接受廉洁教育的？（　　）（可多选）

A. 思想政治理论课　　B. 入学教育

C. 形势与政策报告会　　D. 主题教育

E. 社会实践活动　　F. 课程思政

30. 您所在学校是否经常开展与廉洁教育相关的主题活动？（　　）

A. 是的，经常以各种形式开展活动

B. 有时候会有

C. 从没有开展过

31. 从学校目前已经开展的廉洁教育情况来看，您认为活动开展得如何？（　　）

A. 活动形式丰富多彩，教育效果较好

B. 教育内容和手段单一，教育效果一般

C. 很少开展相关活动，没什么效果

D. 完全不了解

32. 您认为哪些途径能够拓展学校开展廉洁教育的形式和提升教育效果？（　　）（可多选）

A. 课堂教学　　B. 校园文化建设

C. 社会实践　　D. 新媒体

E. 环境建设　　　　　　　　F. 各类主题教育

33. 您认为如果将廉洁教育设立为一门课程，以什么形式开展比较好？（　　）（可多选）

A. 必修课　　B. 选修课　　C. 党课或团课　　D. 其他

34. 您在思政课堂上经常接受廉洁教育方面的内容吗？（　　）

A. 经常　　B. 一般　　C. 很少

35. 您在专业课堂上经常接受廉洁教育方面的内容吗？（　　）

A. 经常　　B. 一般　　C. 很少

36. 您认为在课堂教学中接受廉洁教育的效果如何？（　　）

A. 效果好　　B. 效果一般　　C. 没有效果

37. 您浏览过学校纪委、监察处网站吗？（　　）

A. 经常浏览　　B. 很少浏览　　C. 没有浏览

38. 您关注过廉政或廉洁教育主题的微信公众号吗？（　　）

A. 经常关注　　　　　　　　B. 很少关注

C. 没有关注　　　　　　　　D. 想关注，但找不到

39. 您认为哪些形式的廉洁教育活动比较吸引您？（　　）（可多选）

A. 学习原著或者最新的政策文件等

B. 通过专业课程形式

C. 参与社会实践活动，如到教育警示基地参观学习等

D. 通过环境建设，加强文化熏陶

E. 借助展板等传统宣传方式和微信、微博等新媒体宣传方式

F. 积极开展以廉洁为主题的各类活动，如演讲、征文、专题报告等

G. 观看廉洁教育主题影片或话剧等

40. 您认为学校目前开展大学生廉洁教育的效果如何？（　　）

A. 很好，达到了教育目标　　B. 还不错，有一定的教育效果

C. 一般，效果不明显　　D. 没什么效果

41. 您认为哪些因素是高校进一步加强廉洁教育时需要格外关注的？（　　）（可多选）

A. 国际和国内社会大环境的影响

B. 社会整体对大学生廉洁教育的重视程度

C. 高校对大学生廉洁教育的关注度

D. 学生自身意识有待提升

E. 目前尚未形成有效的大学生廉洁教育机制

F. 廉洁教育与大学生的思想实际结合得不够紧密，存在学用脱节的现象

G. 其他________________

42. 您认为目前学校廉洁教育有哪些地方需要改进？（　　）（可多选）

A. 还需要经费、制度等方面的保障支持

B. 目前尚没有专门的廉洁教育课程，教育效果一般

C. 廉洁教育的内容和教育方法还需要进一步丰富与完善

D. 积极发挥教师示范表率作用

E. 加强廉洁教育环境建设

F. 让学生积极参与，发挥学生的积极性

G. 采用“两微一端”（微信、微博和客户端）等新媒体

H. 其他________________

43. 从目前的情况来看，您认为学校对廉洁教育的重视程度如何？（　　）

A. 非常重视　B. 已经引起了高度重视，但还需要进一步加强

C. 完全不重视

44. 您对学校开展大学生廉洁教育，有些什么意见和建议？

---

45. 您所在的学校主要通过哪些形式开展廉洁教育？您希望如何改进？

附录2：新时代大学生廉洁教育访谈提纲

您好！

我们是华中师范大学马克思主义学院的研究生，我们正在做一项有关大学生廉洁教育状况的调查，需要您的帮助和参与。访谈内容仅用于课题研究，请您根据问题真实地谈谈您了解的情况，对您的个人信息我们会严格保密。为了后期整理的方便，可能需要对这次谈话进行记录和录音，希望您不介意。非常感谢您的帮助。

1. 您认为腐败问题是成人问题吗？与您关系大吗？您认为您周围是否存在腐败现象呢？如果有，您认为主要是哪些方面的？

2. 您在进入大学前是否已经接受过廉洁教育？接受教育的主要方式有哪些？您认为您所接受到的廉洁教育对您有较大的影响吗？您认为在进入大学前，哪些廉洁教育的方式给您留下了深刻印象，使您觉得教育效果较好？

3. 您认为您所在的高校开展廉洁教育的情况如何？如果开展了廉洁教育，那么主要都采用了什么样的教育方式？您认为哪种教育方式是您比较喜欢的？您对学校开展廉洁教育有哪些意见和建议呢？

4. 您认为大学生是否需要接受廉洁教育？如果需要，您觉得最需要接受哪些方面的廉洁教育？

5. 您在发现周围同学或者家人、朋友身上存在腐败问题时，是什么样的感受？您是否会因此感到困惑？如果您感到困惑，您会寻求帮助吗？您主要想得到哪些方面的帮助？

6. 您认为我们现在社会的整体环境如何？腐败问题严重吗？您觉得党的十八大以来，党和国家的反腐败工作效果如何？您觉得要解决腐败问题，我们还应该怎么做？

7. 您对解决腐败问题，实现清廉社会有信心吗？您认为我们目前面临的最大障碍是什么？

8. 如果您离开校园，走进社会，您觉得您是否能够坚持廉洁价值观，践行廉洁行为？您觉得要践行廉洁行为，还需要什么样的帮助？

9. 您认为学校开展廉洁教育的真实情况如何？您觉得学校还应该在哪些方面继续努力？

我们的提问到此结束，再次感谢您的帮助和参与！

参考文献

专著

［1］中共中央马克思恩格斯列宁斯大林著作编译局．马克思恩格斯选集［M］．北京：人民出版社，1995．

［2］中共中央马克思恩格斯列宁斯大林著作编译局．列宁选集［M］．北京：人民出版社，1995．

［3］毛泽东．毛泽东选集［M］．北京：人民出版社，1991．

［4］邓小平．邓小平文选［M］．北京：人民出版社，1994．

［5］江泽民．江泽民文选［M］．北京：人民出版社，2006．

［6］胡锦涛．胡锦涛文选［M］．北京：人民出版社，2016．

［7］习近平．习近平谈治国理政：第一卷［M］．北京：外文出版社，2014．

［8］习近平．习近平谈治国理政：第二卷［M］．北京：外文出版社，2017．

［9］中共中央宣传部．毛泽东邓小平江泽民论社会主义道德建设［M］．北京：学习出版社，2001．

［10］杜灵来．当代中国道德建设实效性研究［M］．北京：中国社会科学出版社，2008．

［11］李文珊．当代中国廉政建设中的道德调控研究［M］．北

京：中央文献出版社，2007.

［12］柏拉图. 理想国［M］. 郭斌和，张竹明，译. 北京：商务印书馆，1986.

［13］亚里士多德. 政治学［M］. 颜一，秦典华，译. 北京：中国人民大学出版社，2003.

［14］罗素. 西方哲学史［M］. 张作成，编译. 北京：北京出版社，2007.

［15］卢梭. 社会契约论［M］. 李平沤，译. 北京：商务印书馆，2011.

［16］韦伯. 儒教与道教［M］. 王容芬，译. 北京：中央编译出版社，2012.

［17］韦伯. 新教伦理与资本主义精神［M］. 马奇炎，陈婧，译. 北京：北京大学出版社，2012.

［18］斯密. 道德情操论［M］. 赵康英，译. 北京：华夏出版社，2014.

［19］陈万柏，张耀灿. 思想政治教育学原理［M］. 北京：高等教育出版社，2006.

［20］陈先达. 文化自信中的传统与当代［M］. 北京：北京师范大学出版社，2017.

［21］秦位强. 延安时期党的纯洁性建设研究：以湘籍无产阶级革命家的思想和实践为视角［M］. 北京：红旗出版社，2018.

［22］朱新光，苏萍. 西方国家公民廉洁教育比较研究［M］. 北京：北京大学出版社，2014.

［23］倪愫襄. 思想政治教育元问题研究［M］. 北京：中国社会科学出版社，2014.

［24］张国臣. 党性党风党纪与党的纯洁性：与优秀大学生谈保

持党的纯洁性［M］. 北京：科学出版社，2013.

［25］刘建军. 新时期思想政治工作创新研究［M］. 北京：中国人民大学出版社，2018.

［26］朱朝霞. 高校廉洁文化理论构建与实践创新［M］. 武汉：武汉理工大学出版社，2017.

［27］季正矩. 通往廉洁之路：中外反腐败的经验与教训研究［M］. 北京：中央编译出版社，2005.

［28］沈壮海. 思想政治教育有效性研究：第三版［M］. 武汉：武汉大学出版社，2016.

［29］张楠，王维国. 大学生廉洁教育：入学第一课［M］. 北京：九州出版社，2019.

［30］高福燕，孔德平，刘素平. 廉洁品质培养与教育［M］. 北京：化学工业出版社，2016.

［31］寿永年. 廉政理论［M］. 北京：中国方正出版社，2004.

［32］唐秀玲. 权力控制：党风廉政建设的根本举措［M］. 南宁：广西民族出版社，2004.

［33］严维耀. 日本廉政制度建设理论与实践［M］. 北京：中国方正出版社，2004.

［34］杨继亮. 反腐败论［M］. 太原：山西人民出版社，2016.

［35］洪伟. 中国反腐大举措［M］. 北京：中国城市出版社，1999.

［36］王关兴，陈挥. 中国共产党反腐倡廉史［M］. 上海：上海人民出版社，2001.

［37］亨廷顿. 变动社会的政治秩序［M］. 张岱云，译. 上海：上海译文出版社，1989.

［38］孟德斯鸠. 论法的精神：上册［M］. 张雁深，译. 北京：

商务印书馆，1987.

［39］克利特加德. 控制腐败［M］. 杨胸斌，何庄，刘伯星，等译. 北京：中央编译出版社，1998.

［40］付佑全，刘新华. 党的三代领导人廉政思想研究［M］. 成都：四川人民出版社，2003.

［41］谢谷粱，秦通海. 邓小平党风廉政建设理论研究［M］. 广州：广东人民出版社，2000.

［42］孙宏典，李义凡. 邓小平廉政建设思想研究［M］. 开封：河南大学出版社，1997.

［43］中央纪委办公厅. 邓小平论党风廉政建设和反腐败［M］. 北京：中国方正出版社，1998.

［44］吕鹤云. 国家廉政论［M］. 南宁：广西教育出版社，1992.

［45］陈永革. 廉政法治论［M］. 成都：四川大学出版社，1998.

［46］施胜章. 廉政建设探讨［M］. 北京：经济日报出版社，2001.

［47］PALMER A. Buddhist politics：Japan's clean government party［M］. Dordrecht：Springer，1971.

［48］GOODYEAR N K R . Corruption［M］. London：Palgrave Macmillan，2011.

［49］HOUGH D. Corruption，anti-corruption and governance［M］. London：Palgrave Macmillan，2013.

［50］MILLER S . Corruption and anti-corruption in policing：philosophical and ethical issues［M］. Cham：Springer，2016.

［51］BASABOSE J D D . Conventional anti-corruption

measures [M]. Cham: Springe, 2019.

学位论文

[1] 刘中. 新时期廉政文化建设问题研究 [D]. 天津: 天津师范大学, 2012.

[2] 陈玮. 大学生廉洁文化教育研究 [D]. 上海: 华东师范大学, 2018.

[3] 侯帅. 大学生廉洁意识教育研究 [D]. 南京: 南京师范大学, 2017.

[4] 谭琦. 当代大学生廉洁教育研究 [D]. 哈尔滨: 哈尔滨工程大学, 2014.

[5] 刘占虎. 当代中国反腐倡廉的协同性研究 [D]. 兰州: 兰州大学, 2015.

[6] 邓学源. 当代中国廉洁文化及其价值研究 [D]. 长沙: 湖南大学, 2011.

[7] 帅全锋. 当代中国领导干部廉政道德建设研究 [D]. 保定: 河北大学, 2017.

[8] 李英. 当代中国领导干部廉政教育研究 [D]. 长沙: 湖南师范大学, 2015.

[9] 廖冲绪. 改革开放以来中国共产党反腐倡廉理论与实践研究 [D]. 成都: 西南交通大学, 2017.

[10] 邹丽梅. 高校廉政文化建设评价指标体系构建研究 [D]. 哈尔滨: 东北林业大学, 2012.

[11] 李敏杰. 论廉洁政治的制度基础: 当代中国廉政建设研究 [D]. 武汉: 华中师范大学, 2014.

[12] 赵秀月. 推进中国廉政文化建设研究 [D]. 长春: 东北师

范大学，2010.

［13］何爱云. 新时期廉政教育研究［D］. 北京：中共中央党校，2012.

［14］吴国斌. 新中国成立以来反腐廉政绩效研究［D］. 武汉：武汉大学，2014.

［15］周志涯. 以人为本的廉洁教育研究［D］. 成都：西南交通大学，2014

［16］王琳. 5W 传播理论视角下的廉政文化进校园研究：以武汉市江夏区为例［D］武汉：华中师范大学，2013.

［17］郑超朔. 大学生廉洁教育及其有效机制研究［D］. 徐州：中国矿业大学，2017.

［18］石丽. 大学生廉洁教育中的实践载体构建研究［D］. 无锡：江南大学，2015.

［19］张峰. 当代大学生廉洁观教育研究［D］. 兰州：兰州财经大学，2017.

［20］张宇. 当代大学生廉洁教育问题研究［D］. 郑州：郑州大学，2017.

［21］项丽霞. 高校干部廉洁自律教育研究［D］. 苏州：苏州大学，2010.

［22］张海峰. 高校廉洁教育体系构建研究［D］. 长春：东北师范大学，2017.

［23］沈洁. 列宁廉政思想的研究［D］. 南京：南京师范大学，2016.

［24］何爱云. 新时期廉政教育研究［D］. 北京：中共中央党校，2012.

［25］韩彬然. 新形势下大学生廉洁教育研究［D］. 北京：北京

交通大学，2016.

［26］郭晓彦. 当代大学生廉政教育研究［D］. 桂林：广西师范大学，2016.

［27］戴芳. 香港廉政公署制度研究及对内地反腐倡廉建设的启示［D］. 南京：南京师范大学，2014.

［28］柏文. 青少年廉洁教育的问题与对策研究［D］. 南宁：广西大学，2018.

［29］郑善文. 中国共产党廉洁文化建设研究［D］. 苏州：苏州大学，2018.

［30］何静. 新时代党员领导干部廉洁观培育研究［D］. 成都：四川师范大学，2018.

［31］郝俊杰. 中国特色网络廉政文化建设研究［D］. 成都：电子科技大学，2014.

［32］胡咚. 当代大学生人生价值观教育创新研究［D］. 武汉：华中师范大学，2015.

期刊

［1］谢守成，程仕波，张淼. 关于构建大中小学思想政治教育一体化建设沟通机制的思考［J］. 思想理论教育，2020（1）：84-89.

［2］谢守成，程仕波. 大学生传统文化认同培育途径探析［J］. 思想政治教育研究，2015（2）：67-70.

［3］谢守成. 转型社会的阶段性特征与大学生思想政治教育创新［J］. 华中师范大学学报（人文社会科学版），2012（5）：66-70.

［4］程仕波，谢守成. 论习近平文化思想的四个特点［J］. 社会主义研究，2017（3）：18-25.

［5］蔡红生，胡中月. 中国特色大学文化建设的三个维度［J］.

学校党建与思想教育，2019（20）：4-6.

［6］蔡红生，胡中月．微博、微信视域下大学校园文化运行机制探析［J］．思想理论教育导刊，2017（10）：142-145.

［7］蔡红生，李恩．移动互联网背景下高校学生事务管理的创新［J］．学校党建与思想教育，2018（21）：82-84.

［8］陈华洲，赵耀．社会主要矛盾转化视域下思想政治教育的现代转型［J］．思想理论教育，2019（2）：16-23.

［9］陈华洲，赵耀．美好生活视域下思想政治教育的现代转型［J］．思想教育研究，2018（11）：29-35.

［10］秦在东，王威峰．以党的建设引领高校思想政治工作的路径思考［J］．思想教育研究，2018（9）：80-85.

［11］秦在东．新时代高校思想政治工作者的特殊使命［J］．学校党建与思想教育，2017（23）：16-19.

［12］唐克军．英国学校公民教育的价值追求分析［J］．社会主义核心价值观研究，2016（6）：71-78.

［13］唐克军．传统的教育力量［J］．思想理论教育，2014（8）：37-41.

［14］马俊，王长华．新时代高校教师思想政治工作的内涵、特征和优化路径：学习习近平关于高校教师思想政治工作的重要论述［J］．社会主义研究，2018（3）：63-69.

［15］李辉．新时代与思想政治教育新定位［J］．马克思主义理论学科研究，2018（4）：126-138.

［16］杜玉波．新时代高等教育的历史方位和发展走向［J］．中国高教研究，2018（12）：1-4.

［17］陈金龙．关于习近平新时代中国特色社会主义思想的若干思考［J］．思想理论教育，2017（12）：4-9.

［18］卞程秀，邓小明．大学生廉洁教育的要素构成及其优化［J］．国家教育行政学院学报，2018（1）：69-74．

［19］胡于凝．大学生廉洁教育：英国经验及启示［J］．国家教育行政学院学报，2018（1）：75-80．

［20］陶文娟．高校廉洁教育“三进入”面临的问题及对策［J］．江苏高教，2017（11）：101-103．

［21］戴平安．论新时代网络视域下“95后”大学生廉洁意识的培养［J］．湖北社会科学，2018（10）：179-184．

［22］郭秀丽．论中国廉政文化价值理念的重塑［J］．国家行政学院学报，2005（S1）：76-78．

［23］张葆君．中国廉政文化建设思考与对策［J］．理论月刊，2005（11：）49-51．

［24］何增科．廉洁政治与构建社会主义和谐社会［J］．马克思主义与现实，2005（1）：9-12．

［25］李红．邓小平对毛泽东廉政思想的继承与发展［J］．理论研究，2004（Z2）：6-9．

［26］杨晓光．建设廉洁政治是构建和谐社会的重要保证［J］．理论前沿，2009（7）：40-41．

［27］覃剑．中国特色廉政文化的问题研究［J］．求实，2005（S2）：33-34．

［28］南亚娟，苏玉波．新时代大学生思想理论教育和价值引领的路径探索［J］．理论导刊，2018（9）：96-100．

［29］陈权．新时代大学生思想政治教育着力点［J］．思想教育研究，2018（1）：122-125．

［30］陈树文，林柏成．新时代做好大学生社会责任感培养工作的四个维度：以习近平的青年思想政治教育工作理论为指导［J］．

思想理论教育导刊，2018（2）：133-136.

［31］冯刚，朱宏强．以习近平新时代中国特色社会主义思想引领青年理想信念教育［J］．思想理论教育导刊，2018（11）：79-86.

［32］石国亮．“新时代”青年的使命与担当［J］．中国青年社会科学，2018（1）：19-25.

［33］张红．习近平新时代青年教育思想的特征［J］．社会科学家，2018（8）：151-155.

［34］陈辉吾．新时代青年的成才机遇与使命担当［J］．前线，2018（11）：54-57.

［35］栗睿，陈威．新时代高校青年马克思主义者培养的重要意义与实践路径［J］．学校党建与思想教育，2018（24）：18-19.

［36］蔡毅强．高校思想政治教育应具有“新时代”思维［J］．思想理论教育导刊，2018（4）：124-127.

［37］刘会强．试析习近平关于新时代中国特色社会主义思想政治教育的论述［J］．思想理论教育导刊，2018（9）：35-39.

［38］王立英．促进高校党员领导干部廉洁从政为教育规划纲要贯彻实施提供有力保障［J］．中国高等教育，2011（2）：4-8.

［39］雷国铨．大学生“三全育廉”的范式构想及路径选择［J］．思想理论教育导刊，2009（12）：93-96.

［40］李景升，陈晚云．大学生就业指导环节渗透廉洁教育的实现途径［J］．思想教育研究，2012（8）：83-86.

［41］宋伟，刘金程．大学生廉洁教育的正外部性研究［J］．现代远距离教育，2012（2）：40-44.

［42］龙仕平，童洪志．大学生廉洁教育评价指标体系与模糊评价模型的建构［J］．学校党建与思想教育，2013（1）：89-91.

［43］彭文英，胡浩．大学生廉洁教育探析［J］．教育与职业，

2014（12）：70-71.

［44］寇晓燕．大学生廉洁教育社会化的理论与实践思考［J］．教育与职业，2014（18）：70-72.

［45］沃野．大学生廉洁教育必要性和实效性研究［J］．牡丹江师范学院学报（哲学社会科学版），2014（4）：143-144.

［46］余良熠，胡方媛，万勇平．工科院校大学生廉政教育的现状及必要性［J］．教育教学论坛，2016（40）：46-47.

［47］张文军．关于高校对大学生进行廉洁教育的思考［J］．中国高教研究，2006（4）：84-85.

［48］徐传光，于学强．加强大学生廉洁教育的思考［J］．思想教育研究，2010（9）：35-38.

［49］夏秀芹，曲雁．开展大学生廉洁教育的探索与思考［J］．思想教育研究，2010（2）：100-102.

［50］郭堃．论大学生廉洁文化教育的必要性与实操性［J］．前沿，2013（10）：137-138.

［51］孙立军．论大学生廉政教育的意义和途径［J］．高校理论战线，2011（10）：41-44.

［52］王建国，傅鸿颖．大学生廉洁教育途径方法调研报告［J］．前沿，2013（5）：142-144.

［53］周艳华．对构建大学生廉洁教育长效机制的实践性思考［J］．教育与职业，2010（35）：175-176.

［54］黄金盛．高校开展大学生廉洁教育的应对策略［J］．广西民族大学学报（哲学社会科学版），2008（5）：36.

［55］丁振国，王渊，高星．加强大学生廉洁教育略论［J］．学校党建与思想教育，2012（32）：21-22.

［56］李艳荣．加强大学生马克思主义廉洁政治观教育［J］．岭

南学刊，2014（4）：46-48.

［57］夏云强. 开展大学生廉洁教育需要把握的几个问题［J］. 改革与战略，2006（8）：98-99.

［58］邓纯余. 社会化境遇中的大学生廉洁教育理论与实践检视［J］. 黑龙江高教研究，2010（3）：119-121.

［59］寇晓燕，赵先明，游晓兰. 社会转型期对高校大学生廉洁教育的反思与路径探析［J］. 教育与职业，2012（32）：55-57.

［60］徐惠红，石佑. 试析高校开展大学生廉洁教育的有效途径［J］. 黑龙江高教研究，2013（10）：125-127.

［61］范春梅. 提高大学生廉洁教育实效性思考［J］. 国家教育行政学院学报，2009（3）：26-29.

［62］肖凌云. 新形势下深入推进大学生廉洁教育的经验与探索［J］. 思想教育研究，2011（8）：86-89.

［63］王瑞兰. 大学生廉洁教育的定位分析与路径设计［J］. 思想理论教育导刊，2016（1）：148-150.

［64］夏云强. 基于心理保护视角的大学生廉洁教育原则［J］. 改革与战略，2006（11）：99-101.

［65］陈文昆. 论当代高校大学生廉洁教育的目标及其原则［J］. 黑龙江高教研究，2009（5）：130-133.

［66］曹萍，邱蜀进. 思政理论课功能与大学生廉洁教育目标的实现［J］. 中国高等教育，2008（24）：24-25.

［67］夏云强. 构建大学生廉洁教育内容基本框架的探讨［J］. 教育与职业，2007（26）：85-87.

［68］宋妍. 构建大学生廉洁教育体系的实践与思考［J］. 学校党建与思想教育，2014（6）：75-77.

［69］张会峰. 廉洁教育的内涵及其在大学生思想政治教育中的

向度与功能［J］. 学校党建与思想教育，2014（3）：93-95.

［70］张国臣. 浅谈高校廉洁文化体系的构建［J］. 郑州大学学报（哲学社会科学版），2010（6）：34-36.

［71］龙兴跃，杨鸿捷. 大学生对廉洁教育的认知现状与对策分析：以医学生职业教育中的廉洁教育现状调查为例［J］. 学校党建与思想教育，2011（12）：85-86.

［72］孟鸿，李玉华. 大学生廉洁观教育现状调查研究［J］. 当代青年研究，2013（1）：111-116.

［73］高星，丁振国，王渊. 大学生廉洁教育现状分析［J］. 学校党建与思想教育，2013（8）：57-58.

［74］张羽，高建军. 大学生廉洁教育现状与对策研究［J］. 学校党建与思想教育，2011（6）：42-43.

［75］王凌. 当代大学生廉洁观调查：基于1799份问卷的分析［J］. 河南大学学报（社会科学版），2011（2）：132-139.

［76］陈金波，蒋建军. 全球青少年廉洁教育视角下的我国大学生廉洁教育体系优化研究［J］. 山东科技大学学报（社会科学版），2015（3）：89-99.

［77］殷竹钧. 新加坡大学生廉洁教育的实践经验及其借鉴［J］. 东南亚纵横，2013（4）：71-75.

［78］管素叶，袁秋红. 学生干部微腐败现象的特点、成因与预防研究：基于青少年廉洁教育视角［J］. 中国青年研究，2019（6）：108-112.

［79］徐柱，游俊，李天林，等. 高校廉政文化建设对人才培养的影响与作用研究［J］. 电子科技大学学报（社科版），2009（6）：87-90.

［80］唐贤秋. 廉洁教育面向生活的两个追问：何以应当与如何

可能［J］. 贵州社会科学，2017（6）：19-24.

［81］唐贤秋，梁罡. 廉洁教育面向政治生活的价值意蕴与实现路径［J］. 中国特色社会主义研究，2017（5）：64-70.

［82］周至涯，彭晓伟. 我国廉洁教育的现实困境与对策探析［J］. 理论与改革，2015（1）：184-187.

［83］肖群忠，李营营. 传统家训中的“廉洁”“廉政”道德及其时代价值［J］. 学术交流，2017（1）：61-66.

［84］狄奥. 大学生廉洁、廉政素质研究：基于武汉部分高校的调查［J］. 中南民族大学学报（人文社会科学版），2016（4）：122-125.

［85］奥多. 对高校廉洁教育的几点思考［J］. 教育与职业，2015（13）：65-67.

［86］夏玉荣. 反腐新常态下大学生廉洁教育的特征转型及实践路径［J］. 学校党建与思想教育，2015（10）：81-83.

［87］陈红敏，赵雷. 关于加强高校学生干部廉洁教育的思考［J］. 教育与职业，2010（3）：71-72.

［88］唐凯麟. 继承与弘扬中华廉洁文化的优秀遗产［J］. 政治学研究，2014（2）：29-34.

［89］陈海英，窦星辰. 廉洁文化融入高校思想政治教育的路径［J］. 河北大学学报（哲学社会科学版），2017（2）：46-52.

［90］余玉花. 论以社会主义荣辱观为核心的学校廉洁教育［J］. 江西师范大学学报（哲学社会科学版），2008（1）：13-16.

［91］李照修. 略论中国传统廉洁文化及其现代价值［J］. 思想教育研究，2011（10）：18-21.

［92］郭晓平. 青年学生廉洁教育的实效性［J］. 学校党建与思想教育，2010（30）：30-31.

[93] 李明哲. 社会转型期大学生廉洁教育社会化探讨 [J]. 理论导刊，2016 (8)：108-111.

[94] 胡水清，刘金程. 试析大学生廉洁教育体系的构建：兼论网络教育平台的应用 [J]. 毛泽东思想研究，2017 (1)：151-155.

[95] 王智，霍朋. 微信时代大学生廉洁教育的困境及对策 [J]. 学校党建与思想教育，2017 (2)：37-39.

[96] 陈磊，郭世平. 新媒体时代高校廉洁教育的路径研究 [J]. 学校党建与思想教育，2016 (4)：89-91.

[97] 侯振发，罗永宽，李斌雄. 学校廉洁教育是构建社会主义和谐社会的基础工程 [J]. 武汉大学学报 (人文科学版)，2006 (4)：507-510.

[98] 曲雁. 增强大学生廉洁教育实效性的思考 [J]. 思想理论教育，2012 (23)：93-95.

[99] 张光闪，邓小明. 中外大学生廉洁教育课程设置与教材建设之比较 [J]. 中国成人教育，2017 (21)：95-97.

[100] 潘静. 人的全面发展理论视域下大学生廉洁教育 [J]. 辽宁行政学院学报，2010 (8)：92-93.

[101] 王小元，徐志宏. 中央苏区廉政文化建设的措施、效果与当代启示 [J]. 江西财经大学学报，2018 (4)：103-110.

[102] 李庆云. 中国共产党为什么要强调廉洁自律 [J]. 红旗文稿，2017 (14)：26-28.

[103] 田芝健. 以执政党廉洁执政带动国家和社会的廉洁政治建设：兼论建设马克思主义廉洁型执政党的有关问题 [J]. 毛泽东邓小平理论研究，2011 (11)：12-15.

[104] 陈克娥，杨邓红. 马克思主义执政党廉洁形象建设论析 [J]. 学校党建与思想教育，2017 (12)：4-6.

［105］郝俊杰，张震．马克思主义廉政理念及实现路径研究［J］．毛泽东思想研究，2014（4）：128-133.

［106］李斌熊，赵亚男．马克思主义廉洁政治理论的基本特征及要义［J］．学习与实践，2016（3）：52-61.

［107］李春艳，田旭明．马克思主义经典作家关于廉洁型执政党建设的思想及启示［J］．学校党建与思想教育，2019（2）：54-58.

［108］商红日．马克思的生活哲学与当今中国公民的廉洁教育［J］．广州大学学报（社会科学版），2013（10）：5-9.

［109］陈潭，伍小乐．论马克思廉政观及对国家治理体系现代化的启示［J］．理论学刊，2015（11）：19-26.

［110］王平一．论十八大以来习近平同志的反腐倡廉思想［J］．求实，2014（10）：14-21.

［111］张荣臣．习近平党风廉政建设和反腐工作思想梳理：兼论中国共产党从严治党历史经验［J］．人民论坛，2015（11）：24-28.

［112］程浩．习近平反腐倡廉思想史论［J］．中共中央党校学报，2016（3）：13-20.

［113］陈鹏竹．习近平廉政建设思想新探［J］．北京邮电大学学报（社会科学版），2015（4）：111-116.

［114］段满江，刘峰．习近平廉政论述在大学生思想政治教育中的应用［J］．思想政治教育研究，2019（3）：93-97.

［115］翁良殊，颜吾佴．习近平廉政治理的理论创新与时代价值［J］．思想教育研究，2018（10）：14-19.

［116］杨少波．坚持立德树人 加强高校研究生廉洁教育［J］．中国高等教育，2014（5）：46-48.

［117］杨建党．儒家廉政文化：地位、结构与限度［J］．江汉

论坛，2018（10）：137-142.

［118］罗静. 社会主义廉洁文化的要义与实现路径［J］. 学习与实践，2016（11）：110-114.

［119］张耀灿，肖映胜. 中国特色社会主义廉洁文化科学内涵探微［J］. 领导科学，2011（8）：9-11.

［120］于广琮，朱林. 论“微时代”视域下大学生廉洁文化教育的载体构建［J］. 江苏高教，2016（1）：123-125.

［121］戴平安. 论新时代网络视域下“95后”大学生廉洁意识的培养［J］. 湖北社会科学，2018（10）：179-184.

［122］白静. 略论新媒体环境下大学生廉洁教育的实现途径［J］. 学校党建与思想教育，2013（8）：59-61.

［123］张仙凤. 域外廉政教育经验教训镜鉴［J］. 理论导刊，2015（10）：8-11.

［124］雷国铨. 大学生“三全育廉”的范式构想及路径选择［J］. 思想理论教育导刊，2009（12）：93-96.

［125］蒋桂莲. 大学生廉洁教育研究成果梳理和问题分析［J］. 河南工业大学学报（社会科学版），2016（3）：154-158.

［126］邓纯余. 大学生廉洁教育与高校思想政治教育的耦合与同构［J］. 学校党建与思想教育，2010（6）：17-19.

［127］张育民. 党风廉政建设与大学生作风教育和廉洁教育［J］. 中南民族大学学报（人文社会科学版），2011（6）：108-110.

［128］卢铁荣，李莉. 德育先驱：香港廉政公署基于青少年的廉洁教育［J］. 青少年犯罪问题，2016（1）：99-105.

［129］邓纯余. 国外大学生廉洁教育的基本经验及其借鉴［J］. 学校党建与思想教育，2011（1）：83-84.

［130］李姗，罗爱静，吴希林. 论大学生廉洁教育的输入［J］.

湖南社会科学，2013（5）：264-267.

[131] 龙兴跃. 论廉洁教育对大学生思想品德的正向作用 [J]. 中国高等教育，2011（5）：45-46.

[132] 任勇，胡林. 文化防腐的有效建构：东亚的经验 [J]. 江淮论坛，2009（6）：71-76.

[133] 程晓娟. 廉洁教育与高校学生日常教育管理的渗透融合研究 [J]. 教育与职业，2012（6）：63-64.

[134] 孙霞. 高校反腐倡廉制度建设刍议 [J]. 江苏高教，2013（6）：51-52.

[135] 倪金荣. 高校教师廉洁教育的现实意义与路径选择 [J]. 黑龙江高教研究，2013（5）：92-94.

[136] 居继清. 构建大学生廉洁品质的综合教育模式探索 [J]. 学校党建与思想教育，2014（9）：83-84.

[137] 周至涯，林伯海. 公民廉洁教育主体互动模式探赜 [J]. 学校党建与思想教育，2014（10）：81-83.

[138] 邢千里. 论高校教师廉洁教育 [J]. 继续教育研究，2013（1）：91-93.

[139] 刘诗林. 论社会化视角的廉洁教育与廉洁文化建设 [J]. 学校党建与思想教育，2014（2）：83-85.

[140] 刘占虎. 制度反腐、过程防腐与文化倡廉：中国特色反腐倡廉道路的探索与思考 [J]. 马克思主义与现实，2014（1）：192-198.

[141] 王源平. 研究生廉洁教育探析 [J]. 学校党建与思想教育，2011（10）：77-78.

[142] 张毅翔. 新时代思想政治教育的新使命和新要求 [J]. 思想教育研究，2017（11）：19-23.

[143] 王建敏. 新时代思想政治教育的特征及实现路径 [J]. 马克思主义与现实，2018（5）：165-170.

[144] 全燕黎. 延安时期中国共产党廉洁政治建设的基本经验 [J]. 社会主义研究，2014（4）：33-40.

[145] 马海军. 大学生廉洁教育中的校园环境作用：以北京某高校为例 [J]. 继续教育研究，2012（2）：87-89.

[146] 许国彬. 对廉政文化进校园和大学生廉洁教育的思考 [J]. 国家教育行政学院学报，2005（8）：20-23.

[147] 张驰，王燕. 习近平关于新时代青年成长成才教育观要论 [J]. 湖北社会科学，2018（10）：165-170.

[148] 冯刚，朱宏强. 以习近平新时代中国特色社会主义思想引领青年理想信念教育 [J]. 思想理论教育导刊，2018（11）：79-86.

[149] 王慧. 让青年学生真学真懂真信真用马克思主义 [J]. 人民论坛，2018（32）：98-99.

[150] 杨建义. 论新时代青年工作的核心要义：学习习近平关于青年工作的论述 [J]. 福建师范大学学报（哲学社会科学版），2018（6）：1-6.

[151] 赵子丽. 新时代马克思主义青年观的新内涵 [J]. 人民论坛，2018（32）：94-95.

[152] 韩宪洲. 高校思想政治工作要准确把握“三大规律”的内涵与逻辑 [J]. 思想理论教育导刊，2018（4）：128-133.

[153] 李芳. 习近平新时代中国特色社会主义思想融入高校思想政治教育研究 [J]. 学校党建与思想教育，2018（4）：71-73.

[154] 高苗. 新时代思想政治工作的努力方向 [J]. 人民论坛，2018（29）：124-125.

［155］张娟，王青，段丽萍，等. 对研究生进行廉洁教育的思考与建议：以对北京大学医学部研究生的调查为例［J］. 学位与研究生教育，2011（11）：41-44.

［156］MAGUIRE K. Modernisation and clean government: tackling crime, corruption and organised crime in modern Taiwan［J］. Crime, law and social change, 1997（28）：73-88.

［157］Ma J, NI X. Toward a clean government in China: does the budget reform provide a hope?［J］. Crime, law and social change, 2008（49）：119-138.

［158］LANG B. China's anti-graft campaign and international anti-corruption norms: towards a "new international anti-corruption order"?［J］. Law and social change, 2018（70）：331-347.

［159］MIN K S. The effectiveness of anti-corruption policies: measuring the impact of anti-corruption policies on integrity in the public organizations of South Korea［J］. Crime, law and social change, 2019（71）：217-239.

［160］JAKOBI A P. The changing global norm of anti-corruption: from bad business to bad government［J］. Zeitschrift für vergleichende politikwissenschaft, 2013（7）：243-264.

［161］HAARHUIS C K, TORENVLIED R. Dimensions and alignments in the African anti-corruption debate［J］. Acta politica, 2005（41）：41-67.

［162］STEFANUC R. Corruption, or how to tame the shrew with the European Union stick: the new anti-corruption initiative of the European Commission［J］. ERA forum, 2011（12）：427-443.

其他

[1] 中华人民共和国国务院. 教育部关于加强新时代高校“形势与政策”课建设的若干意见 [EB/OL]. (2018-12-31)[2022-02-12]. https://www.gov.cn/zhengce/zhengceku/2018-12/31/content_5443365.htm.

[2] 中华人民共和国国务院. 中共中央 国务院印发《中长期青年发展规划(2016—2025年)》 [EB/OL]. (2017-04-13)[2022-05-23]. https://www.gov.cn/zhengce/2017-04/13/content_5185555.htm#1.

[3] 中华人民共和国国务院. 普通高等学校辅导员队伍建设规定 [EB/OL]. (2017-09-25)[2023-11-09]. https://www.gov.cn/gongbao/content/2017/content_5244874.htm.

[4] 中华人民共和国国务院. 中共中央关于印发《公民道德建设实施纲要》的通知 [EB/OL]. (2011-09-23)[2023-09-28]. https://www.gov.cn/gongbao/content/2001/content_61136.htm.

[5] 中华人民共和国教育部. 中共教育部党组 共青团中央关于在各级各类学校推动培育和践行社会主义核心价值观长效机制建设的意见 [EB/OL]. (2014-10-20)[2022-01-20]. http://www.moe.gov.cn/srcsite/A12/s7060/201410/t20141020_177847.htm.

[6] 中华人民共和国国务院. 中共中央 国务院关于全面深化新时代教师队伍建设改革的意见 [EB/OL]. (2014-01-31)[2022-08-12]. https://www.gov.cn/zhengce/2018-01/31/content_5262659.htm.

[7] 中华人民共和国教育部. 中共教育部党组关于印发《高校思想政治工作质量提升工程实施纲要》的通知 [EB/OL]. (2017-

12-06)[2021-07-16]. http://www.moe.gov.cn/srcsite/A12/s7060/201712/t20171206_320698.html.

[8] 中华人民共和国国务院. 中共中央 国务院《关于加强和改进新形势下高校思想政治工作的意见》[EB/OL]. (2017-02-27)[2022-10-18]. https://www.gov.cn/xinwen/2017-02/27/content_5182502.htm.

[9] 中华人民共和国教育部. 共青团中央 教育部关于印发《关于加强和改进新形势下高校共青团思想政治工作的意见》的通知[EB/OL]. (2017-09-14)[2022-12-05]. http://www.moe.gov.cn/jyb_xxgk/moe_1777/moe_1779/201709/t20170914_314466.html.

[10] 中华人民共和国教育部. 中共教育部党组关于印发《普通高等学校学生党建工作标准》的通知[EB/OL]. (2017-03-10)[2024-08-11]. http://www.moe.gov.cn/srcsite/A12/moe_1416/moe_1417/201703/t20170310_298978.html.